Harvard Business Review Anthology

◉

新版

動機づける力

モチベーションの理論と実践

◉

DIAMONDハーバード・ビジネス・レビュー編集部◉編訳

ダイヤモンド社

Harvard Business Review Anthology
Motivational Leadership

Japanese translation rights arranged with
Harvard Business Press in Boston,MA.
through Tuttle-Mori Agency, Inc., Tokyo

This compilation includes the following articles;

- Frederick Herzberg, "One More Time: How Do You Motivate Employees?,"
Harvard Business Review, January 1968.
- J. Sterling Livingston, "Pygmalion in Management,"
Harvard Business Review, July 1969.
- Harry Levinson, "Management by Whose Objectives?,"
Harvard Business Review, July 1970.
- John J. Morse, Jay W. Lorsch, "Beyond Theory Y,"
Harvard Business Review, May 1970.
- David C. McClelland, David H. Burnham, "Power Is the Great Motivator,"
Harvard Business Review, March 1976.
- Tamara J. Erickson, Lynda Gratton, "What It Means to Work Here,"
Harvard Business Review, March 2007.
- Teresa M. Amabile, Steven J. Kramer,
"Inner Work Life: Understanding the Subtext of Business Performance,"
Harvard Business Review, May 2007.
- Nitin Nohria, Boris Groysberg, Linda-Eling Lee ,
"Employee Motivation: A Powerful New Model," Harvard Business Review, July 2008.
Russell A. Eisenstat, Michael Beer, Nathaniel Foote,
Tobias Fredberg, Flemming Norrgren,
"The Uncompromising Leader," Harvard Business Review, July 2008.

まえがき――「働く意欲」の向上は永遠の企業課題

　能力やスキル、知識があっても成果がなかなか上がらない人がいる一方、逆に能力はそれほどではなくても、やる気と努力で好成績を上げる人もいます。このように仕事の業績は、能力だけでなく、モチベーション――働く意欲に大きく左右されます。

　したがってモチベーションを上げることは、いまも昔も企業経営にとって大きな課題の一つであり、さまざまな研究者がモチベーションの問題に取り組んできました。たとえば、アブラハム・マズローはどんな人でも心の中に五つの欲求段階が存在するという「欲求五段階論」を唱え、ダグラス・マグレガーは「X理論とY理論」において、性悪説と性善説ともいうべき二つの対照的な人の働き方と、それに対するマネジメント・スタイルについて見解を示しました。

　これら二つの動機づけ理論と並んで有名なのが、フレデリック・ハーズバーグの「二要因理論」で、本書の**第1章**となっています。一九六八年の論文ですが、これまで一〇〇万部超のリプリントが売れたという歴史的な名論文です。社員や部下は、金銭的インセンティブや福利厚生のみで、モチベーションが上がるわけではなく、人が本来持っている「成長への欲求」を刺激され、達成感を味わい、仕事への満足度が上がることがやる気に結びつきます。この理論は、現在のさまざまな人事管理制度に深く貢献しています。ハーズバーグから時を経て、脳科学や神経科学の研究が進み、人間の感情についてさまざまな分野から解析が進みました。**第2章**では、人間のあらゆる行動の基盤となる「四種の欲動」を挙げ、それらを満たすことでモチベーションは高まると論じています。

第3章では、さらに知識労働に範囲を絞り、個人の心理状態と仕事の達成度との相関関係を、「インナー・ワーク・ライフ」（個人的職務経験）という概念を用いて検証しています。何気ない上司の行動が、いかに部下の内面に影響を及ぼし、組織のパフォーマンスに響いていくかを、具体的な調査結果を用いて明らかにしています。

一九七〇年に発表された**第4章**では、「目標管理制度」（MBO）について普遍的な問題点を指摘し、実践的な効果を上げる三条件を解説しています。いま現在も多くの企業で導入されているMBOですが、現場においては中身が伴わず、形骸化している企業も多いのではないでしょうか。この論文は「いかに個人の目標と組織の目標を両立させることができるか」を、「マネジメントの基本」とし、マネジメント・ツールであるMBOを有効活用することの重要性を説いています。

第5章と**第6章**も長年読み継がれてきた名論文です。第5章で紹介される「ピグマリオン効果」とは、もともと教育心理学の言葉です。ハーバード大学のロバート・ローゼンタールが教師の期待や働きかけが生徒のやる気に影響することを証明し、「ピグマリオン効果」と名づけました。この論文では、教師とマネジャーは同じ役割を果たすことから、マネジメントに援用し、解説しています。「期待が人を育てる」——まさに至言です。

さらにデイビッド・マクレランドらの研究グループが、仕事の場における心理学的な動機——「達成動機」「権力動機」「親和動機」を明らかにし、上司が部下に与える影響について研究しました。その心理学的な動機を基にマネジャーを三つのタイプに分類し、マネジメント効果が最も高い、優れたマネジャーの条件を考察しています。また、「マネジメント・スタイルの転換」についても言及し、「すでにマネジャーの地位にある人物」を、優秀なマネジャーに「トレーニングすることも十分可能」と結論づけています。

ところで、だれしも入社時には高かったはずのモチベーションが、時間とともに失われるのはなぜでしょうか。上司だけでなく、組織そのものも個人に影響を与えています。**第7章**では「シグニチャー・エクスペリエンス」(その職場で得られる経験)を、いかに企業が魅力あるものとして個人に提供できるかという点を軸にして、やる気と忠誠心に満ちた社員に、末永く働いてもらう原則について述べています。

「組織と人材のフィット」については、**第8章**で引き続き検証します。「Y理論」を発展させた「コンティンジェンシー理論」を用い、四つの工場の具体例を見ていきます。組織の特性と、業務を通じて感じる「センス・オブ・コンピタンス」(業務にまつわる能力やスキルを高めるセンス）、優れた業績を欲する動機との関係を探ります。

最後に**第9章**では、欧米二二社のリーダーたちのインタビューから、社員重視か、業績優先かという、永遠の問いに答えています。ここに登場する「ハイ・コミットメント／ハイ・パフォーマンス企業」（ＨＣＨＰ企業）のリーダーたちは、厳しいグローバル市場において、社員の士気を高めながら、優れた業績も実現しました。なかには大胆な変革を余儀なくされたケースもあり、それらをいかに社員に受け入れてもらうか、その秘訣についても紹介しています。

本書では、半世紀にわたって読み継がれてきた理論とともに、最新の脳科学の知見や調査に基づいた考え方も紹介されています。個人の資質や職務内容によってモチベーションの源はさまざまです。マネジメントは、古典的な考えと新しいコンセプトをうまく生かしながら、それらに対応していくことが求められているのではないでしょうか。

二〇〇九年十月吉日

ＤＩＡＭＯＮＤハーバード・ビジネス・レビュー編集部

【新版】動機づける力［目次］

第6章◉

元ハーバード大学 名誉教授　デイビッド・C・マクレランド
バーナム・ローゼン・グループ パートナー　デイビッド・H・バーナム

第9章 本物のリーダーは社員と業績を秤にかけない

ラッセル・A・アイゼンスタット
元ハーバード・ビジネススクール 教授
マイケル・ビアー
ハーバード・ビジネススクール 名誉教授
ナサニエル・フット
元マッキンゼー・アンド・カンパニー パートナー
トビアス・フレッドバーグ
チャルマーズ工科大学 研究員
フレミング・ノーグレン
チャルマーズ工科大学 教授

第１章 One More Time:
How Do You Motivate Your Employees?

モチベーションとは何か

元ユタ大学 特別教授
フレデリック・ハーズバーグ
Frederick Herzberg

Frederick Herzberg
元ユタ大学特別教授。ケース・ウエスタン・リザーブ大学の心理学部長を務めた時に記したのが、名著として名高い*Work and the Nature of Man,* World Publishing, 1966.（邦訳『仕事と人間性』東洋経済新報社、1968年）である。そのほか共著*The Motivation to Work,* Willy, 1959.（邦訳『作業動機の心理学』日本安全衛生協会, 1966年）がある。2000年1月19日、76歳で永眠。

"One More Time:How Do You Motivate Your Employees?"
Harvard Business Review, January 1968.
初出「モチベーションとは何か」
『DIAMONDハーバード・ビジネス・レビュー』2003年4月号

KITAによるモチベーション

実に多くの論文、書物、講演、研究会で「どうすれば思うとおりに社員を働かせることができるか」という泣き言めいた問題提起がなされる。

モチベーションの問題を扱う心理学はきわめて複雑であり、実際いままでにある程度の確度をもって解明された事実もごくわずかである。「机上の空論が知識を凌駕する」という何とも情けない状況であり、そこで次々に新しい万能薬が売り出されて評判を博するようになる。しかもその多くがアカデミズムのお墨付きを得ている。

本稿がこの万能薬市場に水を差すことはなかろう。ここで説明されている考え方は、企業をはじめ、その他の多数の組織で試されてきたものであり、先ほど述べた状況を正すうえでも有効と考える。マネジャーたちを相手にこの問題について講演すると、聴衆は必ず、即座に役立つ実践的な解を求めてくる。

そこでまず、人間を動かす簡単で実践的な方法から話を始めたい。だれかに何かをさせる、最も簡単かつ確実で、直接的な方法とは何だろうか。それは一言「やってくれたまえ」と言えばよい。しかし「嫌です」と返事をされたら、心理学者に頼んで、なぜ抵抗を示すのか、その理由を探らなければならない。

次は、命令すればよい。しかし「意味がよくわかりません」という返事であれば、コミュニケーション技術の専門家に頼んで、あなたの真意を伝える方法を学ばなければならない。割増金を出してはどうか。しかし、ことさら断るまでもなく、割増金制度の設定と運営が面倒でやっかいなことは、よく知られている。では、手取り足取り教えてはどうか。しかし研修にはコストがかかる。

もっと簡単な方法はないものだろうか。どこで講演しても聴衆のなかに「直接行動派」のマネジャーが混じっていて、このような人たちは「蹴飛ばすぞ」とどやしつける。この種のマネジャーは間違っていない。だれかに何かをさせる、いちばん確実で、いちばん回りくどくない方法は、尻を蹴飛ばすことである。これを「ＫＩＴＡ」（尻を蹴飛ばせ：Kick in the pantsの文字を組み合わせている）と名づける。

ＫＩＴＡにはさまざまなかたちがある。そのいくつかを紹介しよう。

消極的かつ肉体的ＫＩＴＡ

これは言葉が示すとおりのものであり、過去にはよく用いられた。しかし、次のような三つの欠点がある。

①野暮である。

②多くの組織が大事にしている温情主義の看板を傷つける。
③肉体的な制裁は自律神経を直接刺激し、しばしば消極的反応を招く（社員も仕返しに尻を蹴飛ばす）。

これらの点から、消極的かつ肉体的ＫＩＴＡはタブー視されるようになった。そしてこれが使えなくなると、心理学者が応援に駆けつけた。人間の精神的な弱点を数限りなく探り当て、それらを利用する方法を考え出したのである。「上役に足をすくわれた」「何か下心がありそうだ」「いつも見張られている」等々。このような発言は、まさしくエゴの傷口を他人にこすられた証拠であり、次に紹介する手段が用いられたことを物語っている。

消極的かつ心理的ＫＩＴＡ

この方法には消極的かつ肉体的ＫＩＴＡに比べていくつかの利点がある。

第一に、残酷さが目につかない。出血は内部で起き、しかもずっと時間を置いてから起きる。第二に、脳中の制止力を持った高次元の皮質に影響するから、肉体的反発を招くおそれが少ない。第三に、個人が感じうる精神的苦痛の数は無限に近いから、ＫＩＴＡが作用しうる方向と場所が何倍も増える。

第四に、蹴飛ばす側の人物は「高みの見物」を決め込み、組織的に三K仕事に従事させることができる。第五に、実施者がある程度の自己満足（優越感）を味わえ、しかも血を見ずに済む。最後に、もし社員が文句を言っても、制裁を加えた具体的証拠がないため、変わり者と片づけることができる。

さて、消極的ＫＩＴＡによって何が得られるか。私があなたの尻を蹴飛ばしたとして――肉体的または精神的に――だれが動機づけられたのか。私が動機づけられ、あなたが動く。消極的ＫＩＴＡはモチベーションではなく、行動を招くのである。

積極的ＫＩＴＡ

モチベーションについて、いま一度考えてみよう。あなたに「これを、私のため、あるいは会社のためにやってくれれば、ボーナスや手当、身分や昇進、そのほか会社としてやれることは何でもしてやろう」と言ったとしたら、あなたのモチベーションを高めることになるであろうか。マネジャーたちの私への回答は、決まって「そうだ、そのとおり、それこそモチベーションだ」である。

私は一歳のテリア犬を飼っている。まだ子犬だった頃、こちらの思いどおりに動かすために尻を蹴飛ばしていた。それで動いていた。しかし、服従訓練を受けさせてからはテリアを動かしたい時、ドッグ・ビスケットを差し出すようになった。

この例の場合、だれが動機づけられるのか。私か、それとも犬か。犬はビスケットをほしがるが、犬に動いてほしいのは私である。ここでもまた、動機づけられるのは私であり、動くのは犬である。この場合、私がやったことといえば、ＫＩＴＡを真正面から適用したにすぎず、押すかわりに引っ張ったわけである。

このような積極的ＫＩＴＡを用いようとするならば、社員を飛び跳ねさせるために目の前でちらつかせるドッグ・ビスケット（人間の場合はアメ玉）は、信じられないほど多種多様に存在している。

なぜこのように聴衆であるマネジャーたちが、消極的ＫＩＴＡはモチベーションにならないとすぐ断言し、積極的ＫＩＴＡはモチベーションになると、ほとんど異口同音に主張するのか。

その理由は、消極的ＫＩＴＡが暴力だとすれば、積極的ＫＩＴＡは誘惑だからである。とはいえ、誘惑に負けるほうが暴力を振るわれるよりもずっと不幸である。暴力は不運な事故として済ませられるが、誘惑は自堕落を思い知らせるものだからだ。

それでも、積極的ＫＩＴＡは好んで用いられる。これは伝統的な方法であり、アメリカ的な方法でもある。組織はあなたを蹴飛ばさなくても済む。あなた自身が自分を蹴飛ばすのである。

モチベーションにまつわる神話

なぜＫＩＴＡはモチベーションにならないのか。前からであろうと後ろからであろうと、犬を蹴飛ばせば犬は動く。もう一度動かしたければ、どうすればよいか。そう、もう一度蹴飛ばせばよろしい。

人間の場合も同様に、たとえばその電池を充電し、さらに再充電しと、充電を繰り返せばよい。しかし、モチベーションとは、このようにその人間が発電機を備えている場合に限っていえることである。この場合であれば、あえて外から刺激を加える必要はない。本人自らが刺激を欲するからだ。

では、この点を念頭に置いたうえで、モチベーションの手段として開発された、積極的ＫＩＴＡに分類される人事慣行について検討してみよう。

①労働時間の短縮

これは、人々を仕事へと駆り立てる素晴らしい方法である。仕事から離そうとするのだから。過去五〇～六〇年にわたって、労働時間は公式にも非公式にも減少している。

この方法の変形の一つとして、さまざまな余暇計画が発達していることは興味深い。その考え方は、共に遊ぶ者は共に働くというものである。とはいえ、そもそもモチベーションが高い人間は労働時間を減らすのでなく、増やそうとするものである。

②賃上げ

これによってモチベーションが生まれただろうか。たしかに、いまでも「不況こそ社員を動かす絶好のチャンスである」と唱える保守派がいる。そして「賃上げがだめならば、賃下げだ」と言うのである。

③フリンジ・ベネフィット

揺りかごから墓場まで世話することで、企業はどんな福祉国家にも増して福祉精神に徹している。私が知るある会社では、かなり前から非公式にフリンジ・ベネフィット（諸手当）を月例化している。アメリカにおけるフリンジ・ベネフィットにかかる費用は、すでに支給賃金総額の二五パーセントに達している。それでもなお、モチベーションの必要が叫ばれている。

金銭や保障が増える一方、労働時間はどんどん減っている。この傾向を逆転させることはできない。これらの恩恵はもはや報奨とはいえない。権利である。週六日制は非人間的であり、一日一〇時間労働は搾取であり、広範囲にわたる医療保険は基本的人権であり、ストック・オプションはアメリカ人の行動力を鼓舞する手段である。提供されるものを絶えず引き上げていかないことには、社員たちは会社が時計の針を逆転させていると反発することだろう。

社員の金銭欲も怠け心も飽くことがないとわかった時、企業は行動科学者の話に耳を傾け始めた。彼らは科学的研究よりは、むしろ人道主義的な伝統に基づいて、マネジャーは人間の扱い方を知らないと批判した。そこから自ずと次のＫＩＴＡ（人間関係トレーニング）に帰結した。

④人間関係トレーニング

過去三〇年にわたり、人間の扱い方に関する心理学的な見地が教えられ、実践されてきた。その結果、人間関係に費用が投じられ、数々のプランが生まれた。しかし結局は、どうすれば社員を動機づけられるのかという同じ疑問にぶつかった。この場合もまた、悪循環が起きた。

三〇年前には「どうか床につばを吐かないでください」と言えばよかった。いまでは同じ注意をするのに「どうか」を三回繰り返さないと、社員は上司の態度が心理的に正当であると感じることはない。

人間関係トレーニングによってもモチベーションを生み出すことができなかった結果と

して、対人関係のけじめを保つうえで欠かせない、自分を直視できる精神をライン・マネジャーや経営者が備えていないという結論が出された。そこで、人間関係的ＫＩＴＡを一歩前進させ、次の感受性トレーニングが登場する。

⑤感受性トレーニング

あなたは本当に、本当に自分について理解できているか。あなたは本当に、本当に、本当に他人を信用しているのか。あなたは本当に、本当に、本当に周りの人々と協力しているのか。

感受性トレーニングの失敗について、流行好きな人々の説明によれば、目下のところ感受性トレーニングのプロセスを本当に（五回念を押して）正しく実施しなかったせいだとされている。

福利厚生的、経済的、対人間的ＫＩＴＡから得られる成果が一時的なものにすぎないと気づいた時、人事担当者たちは、その落ち度は自分たちがやっていることにではなく、自分たちがやっていることを社員たちが評価してくれないことにあると結論した。

そこで、科学的に裏づけられたＫＩＴＡとして、コミュニケーション論という新分野が注目されるようになった。

⑥コミュニケーション

コミュニケーション論の教授が管理者研修の講師として招かれ、経営者の気遣いについて社員にわからせてくれるよう助力を求められた。社内報、説明会をはじめ、コミュニケーションの重要性に関するライン・マネジャーの教育、その他さまざまな社内PR活動が展開され、いまでは社内報編集者世界会議すら存在している。しかし、モチベーションは喚起されなかった。そこで今度は、経営者が実は社員の言い分を聞いていないのではないかという疑問が生じた。このようにして、次のＫＩＴＡ（ツーウェイ・コミュニケーション）が生まれた。

⑦ツーウェイ・コミュニケーション

経営者がモラール・サーベイ、提案制度、それにグループ参加制度の実施を命じた。さらに労使双方がいままで以上に双方向にコミュニケーションを図り、相手の言い分に耳を傾けるようになった。それでもモチベーションはさして改善されなかった。

行動科学者がその理論や資料を再検討し、結果として人間関係論を一歩前進させた。いわゆる高次元の欲求を唱える心理学者の著作に真理が散見されるようになった。すなわち、人間は自己実現を欲するというのである。しかし不幸にも、この自己実現を唱える心理学者たちは人間関係論の心理学者と混同されてしまった。そして新しいＫＩＴＡが現れた。

⑧仕事への参画意識

理論が意図するところとは別に、仕事への参画意識（job participation）を醸成することは、たいてい「視野を広げてやる」的な方法に帰着する。たとえば、組立工場で一日に一万個のネジを締めている工員がいたとしよう。彼に「シボレーの自動車をつくっているのだ」と教えてやるのだ。

もう一つのやり方では、自分の仕事はある程度まで自分で決めているという意識を社員に植えつけることが目標とされる。仕事の達成ではなくて、達成の感覚を与えるのだ。言うまでもなく、それにはそのための仕事が必要である。それでもなおモチベーションは湧いてこなかった。

そこで当然のごとく「社員は何か病気を患っているに違いない」という結論から、次のＫＩＴＡ（カウンセリング）が試みられることになった。

⑨カウンセリング

このＫＩＴＡが初めて体系的に使用されたのは、一九三〇年代初期にウェスタン・エレクトリックで実施されたホーソン実験である。(注1) この時、工場の合理的運営を阻害するような非合理的感情を社員が抱いているという事実が発見された。

この実例で紹介されるカウンセリングは、社員に自分の問題を第三者に話せるようにすることで精神的な重荷から解放してやる手段として用いられた。当時のカウンセリングの手法は初歩的であったが、計画は遠大であったといえる。

しかし、カウンセリングは第二次世界大戦中に後退を経験した。計画自体が組織の業務を阻害していると判断されたのである。また、カウンセラーが辛抱強い聞き手という本来の役割を忘れ、聞き知った問題を自分で処理し始めた。

このような後ろ向きの反応が示されたにもかかわらず、心理学的カウンセリングは生き長らえ、いまやはるかに洗練され、繁栄期を迎えようとしている。しかし残念なことに、このようなプログラムの多くは、他のすべてのプログラムと同様に、どうすれば社員を動機づけられるかに関する解答を求める強力な圧力をほとんど軽減できずにいる。

ＫＩＴＡの効果は短期的である。それゆえ、これらのプログラムにかかる費用はいやがうえにも増大し、使い古された積極的ＫＩＴＡが飽きられると、また新種が開発されていくわけである。

衛生要因と動機づけ要因

ここで永遠なる疑問を次のように言い直してみよう。「どうすれば、社員に発電機を組み込めるのか」

理論的かつ実践的な提案を示す前に、まず執務態度に関する私の「動機づけ・衛生理論」（あるいは「二要因理論」）について簡単に紹介しておかなければなるまい。(注2) この理論はエンジニアと経理部員の生活事情に関する調査から生まれた。その後、ほかに少なくとも一六の調査が多様な母集団を用いて実施されている（いくつかは共産主義国におけるものだ）。したがって、執務態度の分野において、最も数多く繰り返されている調査研究の一つだといえる。

これらの研究調査の結果は、異なるアプローチによる他調査の証拠と合わせると、仕事への満足（そしてモチベーション）に関連する諸要因は、仕事への不満足を生み出す諸要因とは別物であることを示唆している。仕事への満足と仕事への不満足の中身を吟味する際、それぞれに別々の要因を検討しなければならない。

したがって、これらの感情は裏表の関係ではないことがいえる。つまり、仕事への満足の反対はそこへの不満足ではなく、むしろ仕事への満足を抱けないことである。同様に、不満足の反対も満足ではなく、不満足が存在しないことである。

このような概念を表現する段になると、論理上の問題が生じる。なぜなら、普通に考えれば、満足と不満はそれぞれの反対概念である。すなわち、満足でなければ不満足であり、またその逆もそうであると考えられているのだ。しかし、仕事における人々の行動を理解するには、このような言葉の遊びには限界がある。

ここには人間の二組の異なる欲求が関連している。その一組は、動物的性質から生じると考えられる。環境からの苦痛を回避しようとする生来の動因に、そのような基本的な生理的欲求によって条件づけられ、習得された動因が加わる。たとえば、飢えという根本的な生理的な動因によって金銭を稼ぐことが必要になると、金銭そのものが新たな一つの特殊な動因になる。

もう一組のそれは、人間ならではの特徴、すなわち達成し、達成を通じて精神的成長を経験できる能力に関係している。成長への欲求は、自身の成長を促すような仕事によって刺激され、企業の場合、それは仕事の内容である。その逆に、苦痛を回避する行動を引き起こす要因は執務環境に見つけられる。

成長ないし職務に内在する「動機づけ要因」(motivator)には、達成、達成の承認、仕事そのもの、責任、それに成長あるいは昇進といったものがある。不満足の回避ないし仕事以外のところに存在する「衛生要因」(hygiene factors)、すなわちＫＩＴＡは、企業の方針と管理、監督、対人関係、作業条件、給与、身分、それに福利厚生などのものがこれに相当する。

一六八五人の社員のサンプルから抽出された、仕事への満足と不満足の原因となっている諸要因の内訳については、**図表1**「満足と不満足の要因差」に示されている。この結果を見ればわかるように、動機づけ要因が仕事への満足の原因であり、衛生要因が不満足の

図表1◉満足と不満足の要因差

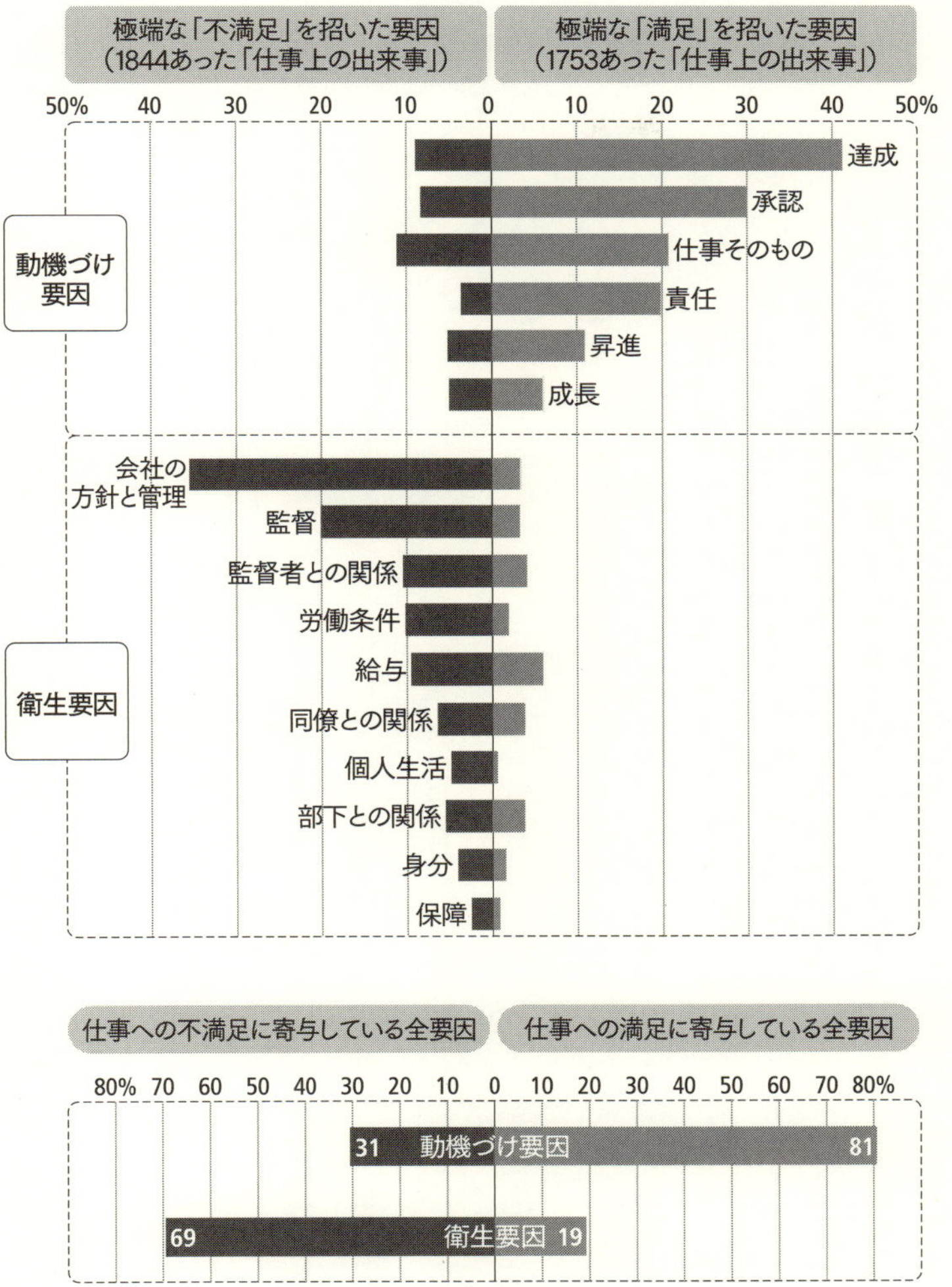

原因になっている。

一二の異なる調査で研究対象となった社員のなかには、現場主任、女性の専門職、農業指導員、引退直前の経営者、病院のメインテナンス要員、工場の監督者、看護師、食事運搬人、軍人、エンジニア、科学者、メイド、教師、技術工、女性の組立工、会計士、フィンランドの職長、そしてハンガリーのエンジニアが含まれている。

これらの人たちは仕事中に極度の満足または不満足を覚えた時、その仕事のうえでどのようなことが起きたのかについて質問された。回答は図表1のなかで「プラスの出来事」の総数と「マイナスの出来事」の総数の百分率で分析されている。

なお数字を合計すると、衛生要因においても、動機づけ要因においても一〇〇パーセントを超えるのは、一つの出来事に少なくとも二つの要因が関連していることが多いためで、たとえば、昇進には責任を引き受ける行為が伴うなどである。

実例を挙げれば、社員にマイナス効果が及んだことがわかる典型的な回答、たとえば達成に関連したものを紹介すれば、「その職務を全うできなかったのが残念だった」というものである。

一方、会社の方針と管理という領域に属する、プラスの出来事に関わる典型的な回答（ごくわずかである）は、「会社がこの部門を再編してくれたので、そりが合わない上司に報告しなくてもよくなり、嬉しい」というものである。

実際、図表1の右下に示されているように、仕事の満足に貢献している要因の八一パーセントが動機づけ要因であった。また不満足を促している要因の六九パーセントが衛生要因に関連していた。

永遠の三角関係：組織論か、産業工学か、行動科学か

一般的に人事管理には三つの考え方が存在する。第一の考え方は組織論に、第二の考え方は産業工学に、第三の考え方は行動科学に根差している。

組織論者たちが信じるところでは、人間の欲求は非合理で、しかも多様であり、さらに状況によって変わるため、人事管理は時と場所に合わせて臨機応変に対応することが第一義となる。このように忖度すれば、仕事を適切な方法で組織化することで、きわめて効率的に仕事を構造化できるばかりか、最良の執務態度も自ずと生まれる。

産業工学者たちが主張するところによれば、人間は機械的に反応し、経済的に動機づけられる。それゆえ、欲求を満たしてやる最善の方法は、最も効率的な手順で仕事をさせることとなる。

したがって、この場合における人事管理の目標は、人間という機械の効率性を最大限に促すようなインセンティブ・システムを適切に設定し、しかるべき作業条件を設計するこ

とになる。産業工学者たちが信じるところは、最も効率的に作業できるように仕事をシステム化すれば、仕事を最適に編成し、望ましい執務態度が得られるというわけである。ところが行動科学者たちの関心は、集団の感情、社員の個人的な態度、加えて組織風土の社会面と心理面に向けられる。また、派が異なれば、多くの衛生要因、多くの動機づけ要因のなかの一つないし二つが強調される。

人事管理に関していえば、何らかのかたちで人間関係トレーニングが強調される。これによって、社員に健全な態度を植えつけ、人間的価値に照らして望ましい組織風土を志向させる。なぜならそこでは、健全な執務態度が効率的な仕事、効率的な組織構造をつくると信じられているからだ。

組織論と産業工学で唱えられている方法の効果をめぐって、絶えず活発な議論が戦わされている。これらが大きな功績を残したことは証明済みである。それでもなお、行動科学者は懐疑の念を抱き続けてきた。それは、人事問題を端に発生する問題は損失となって、かえって組織に出費を強いるのではないかというものだ。たとえば、転職や欠勤、ミス、安全規則違反、ストライキ、生産制限、賃上げ、そして付加給付の増大などに跳ね返ってくるのではないかなど。

とはいえ、行動科学者は自分たちの方法を用いることによって、人事管理において何を改善すればよいのかについて、あまり具体的に提示できずにおり、窮地に立たされている。

これら三つの考え方は三すくみの関係にある。動機づけ・衛生理論は産業工学と同じ頂点に立とうとするが、それぞれの目標は対立している。

同理論によれば、効率を向上させる合理化のためではなく、人員を効率的に活用するために、仕事の充実化を図るべきであるとされる。動機づけ要因をうまく操作することで、社員のモチベーションを促そうとする体系的な試みは始まったばかりである。

「仕事の充実化」(job enrichment)(注3)という用語は、この揺籃期の運動を表現するものである。「仕事の拡大」(job enlargement)という、以前から使われている用語は避けるべきである。なぜならこの言葉は、問題を誤って理解したために生じた過去の失敗に関係しているからである。

仕事の充実化は社員に精神的成長の機会を提供するが、一方仕事の拡大は仕事そのものを構造的に広げるにすぎない。仕事の充実化に関する科学の歴史はまだきわめて浅い。したがって、本稿では、企業における実験の成功例から、最近浮かび上がってきた原則と実践のステップを示すにとどめる。

経営者たちがある社員の仕事の充実化を図ろうとする時、慣れ親しんだ仕事において個人が成長するチャンスを提供する代わりに、個人が貢献できるチャンスを奪ってしまうことがままある。このような試みを私は「水平的職務負荷」(horizontal job loading)と呼ぶ(「垂直的職務負荷」、すなわち動機づけ要因の促進と対照した場合における表現である)。

これは、仕事の拡大プログラムがその初期に直面した問題である。このような行為は仕事における無意味さをいたずらに拡大するだけである。この実例と効果のほどについていくつか示してみよう。

・社員たちをより高い生産量へ挑戦させる。一日に一万個のボルトを締めているのならば、一日二万個にトライさせる。しかし、ゼロにゼロを乗じてもゼロである。
・いまの仕事、それも多くは定型的な事務作業に、もう一つ無意味な仕事を付加する。この場合、ゼロにゼロを加算することになる。
・充実化を図るべき仕事を順番に割り当てる。たとえば、しばらく皿を洗わせた後、次にナイフやフォークを洗わせる。これはゼロをゼロに代えただけである。
・その仕事で最も困難な部分を取り除き、労働者たちを解放し、それほど難しくない仕事を数多くやらせる。この産業工学における伝統的な方法は、足し算をするために引き算をするようなものだ。

これらは水平的職務負荷のごく一般的な形態であり、仕事の充実化に関してブレーンストーミングを実施した場合、必ず提案されるものである。

垂直的職務負荷の原則は完全には確立されておらず、いまだ漠然としている。手始めに考慮すべき七つの要点について**図表2**「垂直的職務負荷の原則」にまとめてみた。

仕事の充実化において高いレベルの成功を収めた実験を例に、水平的職務負荷と垂直的職務負荷の違いを説明してみたい。

この研究の対象となったのは、ある大企業に働くＩＲの担当者たちである。いずれも一見したところ、厳しい選考を経たのちに、高度の訓練を受けた人々であり、彼らに要求される仕事はきわめて複雑だが、チャレンジングなものであった。しかし業績指標と執務態度のすべてにおいて低い数値が示され、退職希望者の面接結果から、仕事への挑戦も口だけであった。

そこで仕事の充実化プロジェクトが実験的に導入することとなった。その際、プロジェクト実行班が任命され、図表2に示された諸

図表2◉垂直的職務負荷の原則

	原則	関連する動機づけ原因
A	責任はそのままにして統制をある程度省く。	責任、および個人的達成
B	自分の仕事に対する個人責任を増す。	責任、および承認
C	個人に完結した自然な仕事単位（モジュール、部門、地域など）を与える。	責任、達成、および承認
D	従業員が行動する際の権限を増す。職務自由。	責任、達成、および承認
E	定期報告を監督者ではなしに従業員本人に直接届ける。	内面的承認
F	いままで扱ったことのない新しい、より困難な仕事を導入する。	成長、および学習
G	個人に特殊な、または特殊化された仕事を割り当て、特殊技能者になることを可能にする。	責任、成長、および昇進

原則によって仕事の充実化に取り組んだ。一方で管理グループも設けられ、彼らは従来どおりの方法で仕事を続けた。

そのほか、いわゆるホーソン効果を測定するために、このIR部門に本プロジェクトとは無関係のグループを二つ設けた。従来とは異なる何か、あるいは新しい何かを実施する際、社員たちは会社側が自分たちに注意を払うことを察知する。そこで、生産性や執務態度が人為的に変化したのかどうかを判定するためである。なお、これらの二つのグループに関する調査結果は、管理グループのそれと実質的に同じであった。それゆえ、話を単純化するために割愛する。

定期昇給のように黙っていても生じるものは除き、実行班、管理グループのどちらの場合も衛生要因を変えることはしなかった。最初の二カ月間、実行班には図表2に示された七つの動機づけ要因が週に一つずつ導入されていった。

六カ月目の終わりには、実行班のメンバーが管理グループの同僚を凌ぐ成績を上げるようになり、仕事への関心度も著しく高まっていた。そのほか、実行班の欠勤率は相対的に低くなり、このことがやがては、はるかに高い昇進率となって表れた。

図表3「動機づけ要因の違いによる業績格差」には、研究が始まる直前の二月と三月、および研究期間中の各月末に測定された成績の推移が示されている。株主サービス指数は書類の質を表しており、情報の正確さ、および株主からの問い合わせに対するレスポンス

の速さなどが含まれている。その月の値は先行二カ月の平均値と合わせて平均される。それによって、先行二カ月の値が低い場合、改善値が表れにくくなる。

実行班は最初の六カ月間は相対的に成績が悪く、動機づけ要因が導入された後も株主サービス指数の値は下がり続けていた。明らかにこれは、新たな責任への不安からだった。しかし三カ月目になって大きく改善され、やがてこのメンバーたちは高い業績水準に到達する。

図表４「動機づけ要因の違いによる執務態度の変化」は、最初の動機づけ要因が導入される直前の三月末に測定され、再び九月末に測定された二つのグループの執務態度を示している。担当者たちに一六の質問をしたが、すべて動機づけ要因に関するものであった。

図表3◉動機づけ要因の違いによる業績格差

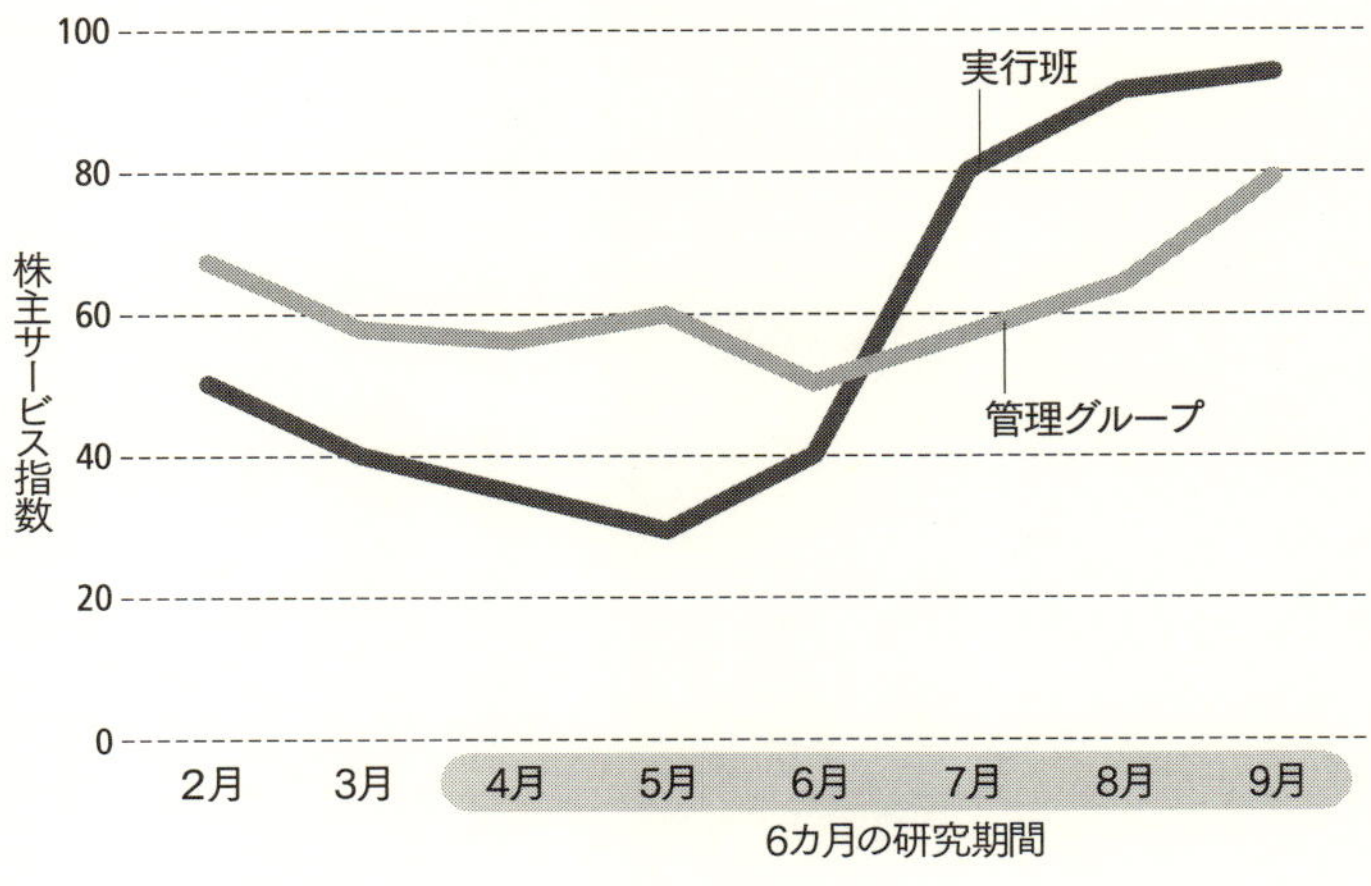

ここで典型的な例を一つ挙げれば、「仕事を通じて貢献できる機会がどのくらいあると思うか」といったものである。回答は五段階で評価されるため、八〇が最高点になる。実行班の面々は仕事への積極性が著しく増加した。管理グループのほうはほぼ同じ結果であった（数値はわずかに低下しているが、統計的に見ると有意とはいえない）。

これらIR担当者の仕事はいったいどのように変わったのか。**図表5**「水平的負荷の提案と垂直的負荷の提案」に示されているのは、出された提案のなかで水平的職務負荷に相当すると思われるもの、ならびに実行班の仕事に実際に組み込まれた垂直的職務負荷である。

同表における「採用された『垂直的負荷の提案』」に記された「原則」という項目のアルファベットは、図表2のそれと対応してい

図表4◉動機づけ要因の違いによる執務態度の変化

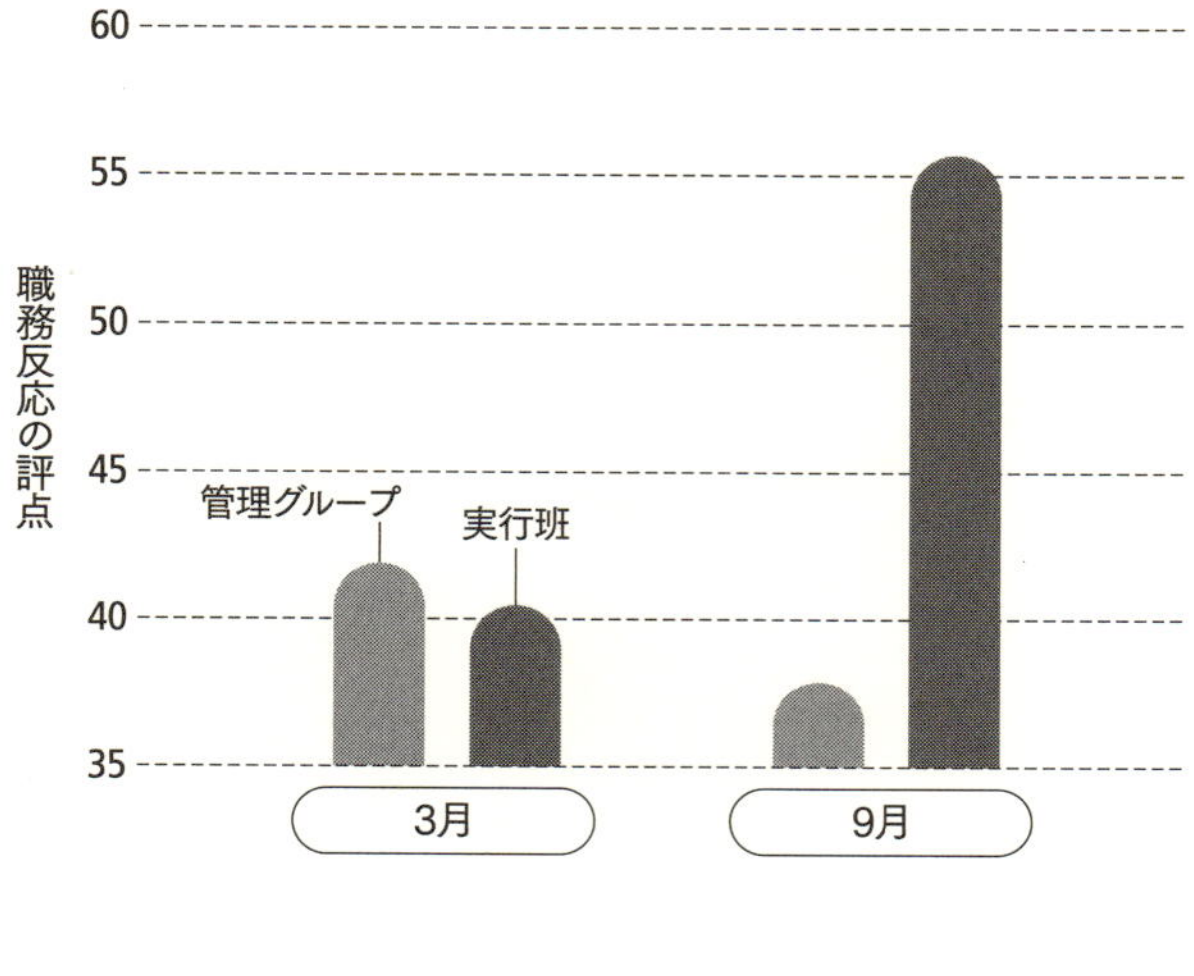

図表5◉水平的負荷の提案と垂直的負荷の提案

却下された「水平的負荷の提案」
日々の対応件数について達成困難な厳しい割り当てを課す。
係の女性たちは、文書についてその文章からタイプ、その他の事務作業のいっさいが扱えるようになる。
難解あるいは複雑な問い合わせを一部の女性の係に回し、残りの者は高い生産量を達成できるようにする。これらの仕事は適宜交替する。
係の女性は顧客が異なるグループの間を異動し、一巡させる。

採用された「垂直的負荷の提案」	原則
各グループにおいて問い合わせ内容ごとの特命担当者を任命し、他のメンバーがマネジャーに助けを求める前に、この者に相談させる（これまではマネジャーが特殊あるいは難しい内容の問い合わせにすべて返答していた）。	G
担当者は文書に自分の氏名をサインする（これまではマネジャーがすべての文書にサインしていた）。	B
ベテラン担当者の仕事については監督者の校正および校閲を減らす。これまでの100%チェックから10%へと減少させる（いままでは全担当者の文書をマネジャーが点検していた）。	A
処理量を問題にする場合には「たくさんの仕事をしてほしい」といった表現とする。時間の経過とともに、だれもこのようなことは口にしなくなった（以前は未回答の文書数を口やかましく知らせていた）。	D
発送される郵便物はマネジャーを経ることなく直接郵便室へ回される（これまですべての文書がマネジャーを経てから次に回されていた）。	A
より個性的な文章で答えることを奨励する（それまでは規定文例集を用いるのが慣行であった）。	C
各担当者は文書の質と正確さについてその責任を負う（このような責任もマネジャーと確認者の領域に属していた）。	B,E

る。「却下された『水平的負荷の提案』」も図表2で説明されているもので、よく見受けられる一連の現象がきわめて似ている点に気づくはずだ。

仕事の充実化を図る一〇のステップ

以上、動機づけ要因について実例に基づいて説明してきたが、次にその原則を実際に社員に適用しようとする経営者が踏むべきステップについて示したい。

①次に挙げる四つに当てはまる仕事を選び出す。

・産業工学のアプローチに投資しても出費がかさむばかりで改革に結びつかないもの。
・執務態度が水準以下のもの。
・衛生要因のコストがかさみ始めたもの。
・モチベーションいかんで成績に違いが表れそうなもの。

②①の仕事は改革できるという確信を持つ。

長い年月の末、経営者は従来の仕事について神聖視し、自分たちには社員を刺激することくらいしかできないと信じ込んでいる。

③ブレーンストーミングによって仕事の充実化が図れそうな改革リストを作成する。なおその際、実行の可能性は無視する。

④この改革リストを点検し、実際のモチベーションよりも衛生要因に関連する提案であれば却下する。

⑤リストを点検し、一般論的な提案は却下する。

たとえば「いま以上に責任を与えよ」と言ったところで、うまくいくことはめったにない。これは自明と思われるかもしれないが、動機づけ要因を意味する言葉が社内に氾濫している一方、その実態はというと、もっともらしい理由をつけて締め出している。「責任」「成長」「達成」、それに「挑戦」といった言葉は、あらゆる社歌に盛り込まれている。星条旗への忠誠が国家への貢献よりも重視されることがその典型だが、実質よりも形式に従うのは、古くから存在している問題である。

⑥リストを点検し、水平的職務負荷に関する提案は却下する。

⑦充実すべき仕事を担当している社員たちの直接参加は避ける。

当の社員たちが以前出したアイデアが、いま提案されている業務改革の貴重な情報源になっていることは間違いない。しかし、彼らの直接参加は人間関係的な衛生要因をそこに持ち込み、しかも彼らに貢献の感覚だけを与える。

改革されるべきは仕事である。その内容がモチベーションを生み出すのであって、そこへの没頭やチャレンジではない。そのようなプロセスの息は短い。彼らのモチベーションは、その後で社員が何をするかで決まる。参加の感覚は一過性の行動に終わるだけである。

⑧仕事の充実化を初めて試みる際には管理実験を実施する。

同じ条件のグループを少なくとも二つ選び、一つは一定期間にわたって動機づけ要因を体系的に導入する実験班とし、もう一つは改革が起こらない管理グループとする。両グループとも、衛生要因は実験期間中を通じて自然の成り行きに任せるのがよいだろう。

仕事の充実化プロジェクトの効果を測定するには、実施の前後に業績と執務態度をテストする必要がある。担当業務に関する意見と周辺の衛生要因に関する感情とを切り離すためにも、執務態度テストは動機づけ要因に限って行われるべきである。

⑨実験班の成績が最初の数週間下降することを覚悟する。

新しい仕事に変わったことで、一時的に効率が低下するからである。

⑩ライン・マネジャーが改革の導入に不安と敵意を示すことをあらかじめ想定しておく。

不安は、改革のせいで自分の班の成績が悪化するのではないかという恐怖から来ている。敵意は、ライン・マネジャーがその業績責任を社員に横取りされた時に発生する。業績管理義務を失ったライン・マネジャーは手持ちぶさたになる。

しかし実験が成功した後では、概してライン・マネジャーは、いままで見逃がしてきたか、または部下の仕事を管理することに忙殺されて手つかずにされていた管理機能を発見する。

たとえば、私の知る某化学企業において、R＆D部門の研究助手の監督者は、原則としてそのトレーニングと評価に責任を負っていたが、これらの機能は、それまで機械的かつ表面的に遂行されてきたにすぎなかった。

仕事の充実化プロジェクトが実施されてから、ライン・マネジャーは部下の仕事ぶりを横から観察するだけでなく、業績評価と徹底的なトレーニングに時間を割くようになった。

社員中心型の監督と呼ばれているものは、ライン・マネジャーの教育ではなく、社員たちの仕事を改革することで現実のものとなろう。

仕事の充実化は一回限りの提案ではなく、継続的な管理機能となるだろう。とはいえ、最初の改革効果はかなり長期間持続するはずである。その理由はいくつかある。

・仕事が改革されれば、担当者のスキルに見合ったチャレンジ・レベルまで引き上げられる。

・それでもなお能力が上回る時には、いずれそのことを実証し、より高い水準の仕事へ昇進する機会を勝ち取ることができる。

・衛生要因と対照的な動機づけ要因の性質として、社員の執務態度に長期的なプラス効果を残すという点がある。仕事が再び充実される必要が生じるかもしれないが、その必要度は、衛生要因の場合ほどではないだろう。

あらゆる仕事の充実化は不可能であり、また充実化しなければならないわけでもない。しかし、いま衛生要因に割かれている時間と費用をごくわずかでも、仕事の充実化に振り向ければ、そこから得られる人間的満足と経済的成果は、企業や社会がこれまで人事管理の改善から得てきた配当のなかでも、とりわけ大きいものの一つとなろう。

仕事の充実化の提唱をきわめて簡単に要約すれば、だれかを使うのなら、きっちり使いこなさなければならない、である。もしこれができないのであれば、オートメーション化するか、または能力に劣る人材を特定し、その人物を追い払うべきである。これもできないのであれば、モチベーションの問題に取り組まざるをえないだろう。

ハーズバーグの経歴とその思想

①動機づけ要因の発見

ハーズバーグはアメリカの臨床心理学者で、元ユタ大学特別教授であった。人間のモチベーションについて研究し、これを動物的な欲求あるいは経済的な欲求（衛生要因あるいはメインテナンス要因）と、心の奥底にある向上心を満たす欲求（動機づけ要因）とに分けた。

彼は、これら二つの要因について、聖書を例えに説明した。個人の欲求と期待は「人間を取り巻く宗教的かつ哲学的な環境に左右される」と考えた。そして、より身近なテーマである「仕事への満足と不満足」は精神の健康状態に左右されると考えた。

その研究の出発点は、第二次世界大戦中にアメリカ陸軍の志願兵として捕虜解放後のダーハウ収容所に駐留した時の経験にあると語る。この収容所で「正気が狂気に駆逐されると、社会全体が狂気に満ちてしまうことに気づいた」という。

戦後は、アメリカの公衆衛生局で主に精神障害に関する研究に従事した。当時出版されていた産業心理学に関する著作を読破したハーズバーグは、これらの著書に欠けている点に気づき、これを独自の行動科学論で埋めようと考えた。

ハーズバーグはそこに、動機づけ要因（このおかげで、「世のコンサルタントは異常なほど多くの仕事にありついた」と彼は言う）を加えるため、「仕事の充実化」という造語を考案した。

彼はAT&Tにコンサルタントとしてアドバイスしたことがあり、組織の最前線における経験を有する数少ない経営理論家の一人である。モチベーションに関する自身のアイデアをまとめ、一九六八年に『ハーバード・ビジネス・レビュー』誌に本稿を発表した。このリプリントは、同誌でも最多の一〇〇万部以上を記録していた。

②仕事の不満足を解消する思想

一九五九年、ハーズバーグは同僚のB・モースナー、B・B・スナイダーマンと『作業動機の心理学』（日本安全衛生協会、一九六六年）を執筆し、職場における人間の原動力に関する考察を専門とする独創的な思想家としての地位を確立する。

同書に用いられた研究手法は、その後、旧共産主義国を含め、世界各国で少なくとも一六本の研究論文に利用され、ハーズバーグの言葉によれば、これらの研究は「執務態度の分野で最も模倣された研究の一つ」になった。

『作業動機の心理学』は、ピッツバーグのエンジニアと経理担当者二〇〇人を対象に大量の質問からなるアンケート調査を実施し、仕事上、特によい気分・悪い気分になる場合について自己分析させ、その結果をまとめたものである。

この調査で、人間が仕事への満足感や不満を覚える時、その要因は実に多種多様であり、ある一つの要因に満足であると感じた人と不満足を感じた人の両方がいた場合、それぞれ極端に異なる反応を示したにしても、その直接の要因力が原因になっているとは限らないことが判明した。

満足感につながる要因は、達成感、他者からの評価、仕事の内容への満足感、責任感、進歩、個人的な成長等のモチベーションであること（特に最後の三つが重要）がわかった。

一方、不満足は、企業の方針、職場環境、給与、地位、雇用の保証といった衛生要因に関連するものが多かった。ハーズバーグは、「人間には二種類の欲求がある。苦痛を避けようとする動物的な欲求と、心理的に成長しようとする人間的な欲求である」と、後の著書『仕事と人間性』（東洋経済新報社、一九六八年）のなかで述べている。

ハーズバーグは、その持論を聖書の例えを用いて説明している。動機づけ要因は、神の姿を真似て創造され、自己開発によって偉業を達成する能力を有する「アブラハム」に代表される。一方の衛生要因は、エデンの園から追放され、食べ物、寒さから身を守ること、安全性、防御、苦痛を避けるといった肉体的な欲求を満たす必要のある「アダム」に代表されるという。

ハーズバーグは、この二種類の欲求のどちらも職場における人間的条件の一部であり、一方の欲求が満たされない場合、別の欲求が完全に満たされていても満足感は得られないと考えた。「動物的なアダム」は環境や仕事からもたらされる苦痛を避けようとする。そして、「人間的なアブラハム」は所与の課題から成長や自己実現を達成しようとする。人間は、衛生要因が満たされなければ不幸になるとはいえ、鎮痛剤のように一時的な苦痛から解放してくれるだけで、より深い満足感が得られなければ、一時的な効き目もすぐに消えてしまう。

ハーズバーグの解決策は、「アブラハム的な要因」を職場に取り入れるための、産業工学的な思想を利用することだった。そして彼は、この手法を「仕事の充実化」と呼んだのである。

たとえば、労働者の責任を重くしたり、権限を拡大したりすることによって仕事の充実化を図った企業は、大きな恩恵にあずかることとなった。たとえば、部下の仕事が充実すると、退屈なだけの管理業務が不要になり、マネジャーの仕事のうちのマネジメント業務における責任の比重が増え、これまでは満足感を与えてくれなかった管理業務が自然に充実化するケースがあるという。

ハーズバーグの動機づけ・衛生理論は、「フレックスタイム制」や、社員が何種類かの福利厚生施策を自由に選んで組み合わせる「カフェテリア・プラン」など、実際に数々のシステムの誕生に貢献している。


【注】

(1) 産業社会学の父とされるエルトン・W・メーヨーは一九二七〜三二年にかけて、ウェスタン・エレクトリックのホーソン工場において、労働条件の変化に伴って社員の生産性も変化することを検証する実験を実施した。そして、労働の満足度は非経済的な要因から起きていることを発見し、金銭的インセンティブよりも自身の業績に関心を抱いていることを指摘した。これは『産業文明における人間問題（新訳版）』（日本能率協会、一九六七年）にまとめられている。

(2) 「動機づけ・衛生理論」は「二要因理論」とも呼ばれる。これはハーズバーグとピッツバーグ心理研究所の共同調査がその出発点となっている。本稿でも触れられているとおり、衛生要因は不満足を軽減・解消する要因でしかなく、必ずしも満足度を高める要因ではないことを、ハーズバーグは主張している。

(3) job enrichment は通常「職務充実」と訳される。しかし、「充実を図る」という目的を示すダイナミックな意と、単に「充実している」という状況を示すスタティックな意の二種類を持ち合わせているため、新訳を施すに当たって、本稿の文脈を考慮したうえで「仕事の充実化」という訳語に改めた。

【謝辞】

本稿で説明されている考え方については、AT&Tのロバート・フォード氏が大きく寄与していることを一言付しておきたい。特に社員の業務成績と満足度の改善に、これらを応用して成功した貢献は大きい。

第２章　Employee Motivation A Powerful New Model

新しい動機づけ理論

ハーバード・ビジネススクール 教授
ニティン・ノーリア
Nitin Nohria

ハーバード・ビジネススクール 准教授
ボリス・グロイスバーグ
Boris Groysberg

センター・フォー・リサーチ・オン・コーポレート・パフォーマンス リサーチ・ディレクター
リンダ＝エリン・リー
Linda-Eling Lee

Nitin Nohria
ハーバード・ビジネススクールのリチャード P. チャップマン記念講座教授。

Boris Groysberg
ハーバード・ビジネススクールのトーマス S. マーフィ記念講座准教授。

Linda-Eling Lee
マサチューセッツ州ケンブリッジにあるセンター・フォー・リサーチ・オン・コーポレート・パフォーマンスのリサーチ・ディレクター。

"Employee Motivation A Powerful New Model"
Harvard Business Review, July 2008.
初出「新しい動機づけ理論」
『DIAMONDハーバード・ビジネス・レビュー』2008年10月号

「欲動」がモチベーションの源泉

厳しい環境であっても、社員たちに最高の仕事をさせるのは、マネジャーにとって永遠の、そしてなかなか実現できない目標の一つである。実のところ、我々人間のモチベーションを高めるものは何なのか、その解明は、何世紀にもわたって取り組まれてきた。

歴史上の著名な思想家たち、たとえばアリストテレス、アダム・スミス、ジークムント・フロイト、アブラハム・マズローなどは、人間行動の機微を理解しようと努め、その成果として、人間行動の理由について膨大な教えを残した。

しかし、これらの偉人たちは、現代の脳科学によって解き明かされた知識の恩恵にあずかることはなかった。彼らの理論の根底には、学問に裏づけられた地道な研究があることは間違いない。ただしそれは、対象者を直接観察した結果にのみ基づいていた。例えて言えば、エンジンを分解できないため、スタート、停止や加速、方向転換などの動きを観察することで、自動車が走る仕組みを推論したようなものだ。

幸いにも、神経科学や生物学、進化心理学などの学術分野を横断する新たな研究によって、自動車になぞらえればボンネットの下をのぞき見ること、すなわち人間の頭脳について深く学ぶことが可能になった。そのような研究成果を総合すると、人間は進化の過程で残された基本的な感情のニーズ、すなわち「欲動」に駆られることが示されている。

二〇〇二年に出版された*Driven*(注)のなかで、ハーバード・ビジネススクール名誉教授のポール・R・ローレンスと本稿執筆者の一人ニティン・ノーリアは、次の四種類の欲動の存在を指摘している。

・獲得への欲動（drive to acquire）：社会的地位など無形なものも含めて、稀少なものを手に入れること
・絆への欲動（drive to bond）：個人や集団との結びつきを形成すること
・理解への欲動（drive to comprehend）：好奇心を満たすことや自分の周りの世界をよく知ること
・防御への欲動（drive to defend）：外部の脅威からわが身を守り、正義を広めること

これら四種類の欲動が、我々の行動すべての基盤になっている。

部下を動機づけるうえで、心に留めておいてほしいことがある。社員のモチベーションが高まれば、企業の業績は向上するという一般通念は、経験的にも裏づけられており、異論の余地はない。では、これら四種類の欲動を満たし、社員のモチベーションを高めるには、具体的にどのような行動を心がければよいだろうか。

我々は先立って、この質問に答えを出すために、二つの大規模調査を実施した。その一つは、グローバル企業二社、大手金融サービス会社一社、有力なＩＴサービス会社一社の社員計三八五人を対象に実施したものである。もう一方の調査は、「フォーチュン五〇〇」企業のうち、三〇〇社の社員を対象とした。

また、モチベーションを総合的に定義するために、一般的に職場で評価されている四つの指標、すなわち「仕事への愛着《エンゲージメント》」「従業員満足度」「コミットメント」「離職意思」に注目した。

仕事への愛着とは、社員たちが職場で発揮するエネルギー、努力、主体性を示す。従業員満足度は、社員たちが職場に抱いている期待に会社がどれくらい応えているか、社員と暗黙に交わした約束や明示された契約をどれくらい守っているかを反映する。コミットメントは、会社の一員として組織や仕事にどれくらい真剣に取り組んでいるかを映し出す。離職意思は、離職率に代わる指標として最適なものである。

先の二つの調査の結果、四種類の欲動を満たす組織能力によって、平均的に社員のモチベーションのばらつきの六割を説明できることが示された。従来の理論では、三割を説明するのがせいぜいだった。

また、いくつかの欲動が、他の指標以上に、とりわけモチベーションに関するこれら四指標に影響することが判明した。たとえば、絆への欲動を満たせるかどうかは、コミットメントに最も大きく影響し、理解への欲動を満たせるかどうかは、仕事への愛着と最も強く連動していた。

とはいえ、モチベーションの各指標の数値が最大化するのは、概して四種類の欲動すべてが満たされている時である。すなわち、全体は部分の総和よりも大きいということにほかならない。ある欲動の数値が低いと、残り三つの数値がいかに高くとも、全体へのインパクトは下がる。

ではこれは、マネジャーにとってどんな意味があるのだろうか。それはいずれの欲動にせよ、それをないがしろにした場合の結果は明白であるということだ。

ホーム・デポを例に説明してみよう。前ＣＥＯのロバート・ナーデリの指揮下で業績が振るわなかったのは、彼が他の欲動を犠牲にして、獲得への欲動にこだわったことが一因だった。

具体的には、個人の業績や店舗の業績の重要性を強調することで、社員間の仲間意識、すなわち絆への欲動や、専門知識を高める意欲、すなわち理解への欲動を満たし、有意義な仕事をしたいという欲求を抑えつけた。また、一般にも報道されたように、職場はギスギスしており、これによって防御への欲動が損なわれた。そして、社員たちは正当な処遇を受けていないと感じるようになった。

ナーデリが辞任した時点におけるホーム・デポの株価は、彼が六年前に就任した頃とほとんど変わっていなかった。逆に、ホーム・デポのライバルであるローズは、社員たちの欲動を満たすような報奨制度、企業文化、マネジメント・システム、職務設計などに総合的に取り組んだことで優位に立った。

企業が一丸となってこれら四つの基本的な欲動に対処しなければならないのは言うまでもないが、マネジャー一人ひとりの役割も同じく重要である。マネジャーたちは組織的な制約に縛られているかもしれない。しかし、その制約のためにまったく身動きできないなどと信じるほど、社員たちはばかではない。

実際、我々の調査結果を見れば、マネジャー一人ひとりの存在が、組織の方針と同じくらい全体のモチベーションに影響を及ぼすことが判明している。本稿では、部下のモチベーションを左右する四種類の欲動、それに対処するうえでの組織上の急所、組織的な制約に縛られることなく部下を動機づけるための「現場の戦略」について詳しく見ていく。

四種類の欲動

これら四種類の欲動は、人間の頭脳に先天的に備わっているため、それらがどれくらい満足させられたかによって、感情ひいては行動が直接、左右される。各欲動がどのように作用するのか、以下で見ていこう。

①獲得への欲動

人間はだれしも、幸福感を高める稀少な何かを獲得したいという思いに駆られて行動する。この欲動が満たされれば喜びを、くじかれれば不満を覚える。この現象は、衣食住や金銭などの物質的なものだけでなく、旅行や娯楽などの経験においても起こる。昇格、執行役員や取締役への就任といった社会的地位の向上も同様であることは言うまでもない。

獲得への欲動は、相対的であり、また限界がない。すなわち、我々はいつも、自分が所有しているものと他人が所有するものを比較しながら、しかも「もっと、さらにもっと」とたえず欲する傾向があるのだ。自分のボーナスだけではなく、他人のそれも気になるのはそのせいである。また、給料の上限を設定するのが難しい理由もここにある。

②絆への欲動

多くの動物は、親、血族、種族と結束するが、人間だけは、組織、同盟、国民など、より大きな集団へと、つながりを広げていく。

絆への欲動は、それが満たされた場合には愛情や思いやりなど前向きな感情を、それが満たされなかった場合には孤独感やアノミー（モラルの崩壊）など否定的な感情を引き起こす。職場では、社員たちがその組織に属していることを自慢に思えば、モチベーションは向上し、逆に組織に裏切られれば、士気が低下する。

またこれで、社員たちが事業部門や機能など縦割り組織の壁を破ることは難しいと感じる理由も説明がつく。すなわち、人間はいちばん身近な集団を大切に思うからである。ただし、より大きな集団にも同じ気持ちを抱かせることができれば、社内で自分が属する小集団よりも、その組織そのものを重視するように導けることも事実である。

③理解への欲動

人間は、自分を取り巻く世界の意味を理解することを欲する。物事を解明し、合理的な行動や対応を明らかにする科学的、宗教的、文化的な理論を確立し、世界を説明したいと望む。意味のないことをしていると感じれば、欲求不満を覚える。答えを見つけ出そうと挑戦すれば、やる気が湧いてくる。職場で何か有意義な貢献を果たしたいと思うのは、この欲動があるからだ。

自分の力が試され、成長し、学習につながる仕事を与えられると、モチベーションが高まる。逆に、単調な仕事、先が見えている仕事だと、モチベーションが下がる。

有能な社員は閉塞感を覚えると、チャレンジングな課題を他所に求めて会社を去っていくことが多い。

④防御への欲動

人間は本能的に、自己、財産、業績、家族、友だち、ビジョンや信念を外敵から守ろうとする。この欲動の根源にあるのは、ほとんどの動物に共通する「闘争か逃走か《ファイト・オア・フライト》」の反応である。

人間の場合、それは単なる攻撃や防衛に終わることなく、正義を求め、具体的な目標と旗幟鮮明な態度を示し、自分のアイデアや意見を表明できる組織を生み出したいという希望となる。

防御への欲動が満たされれば、安心感と信頼感につながる。逆にこれが満たされないと、恐怖や憤りといった否定的な感情が呼び起こされる。この欲動によって、人々が改革に抵抗するのはなぜかも、ほぼ説明がつく。M&Aをしなければ、組織の明日はないとわかっていても、それに伴う大変化を思うと、憂鬱な気分になるのはこのためである。

「君は実に仕事ができて、かけがえのない社員だ」と言われた翌日、リストラでクビを切られるという事態も起こりうる。たとえば、このように一歩先も見えない状況は、防御への欲動に直接作用する。

このような端境期にいる社員がヘッドハンターの格好の標的となるのも驚くに当たらない。ヘッドハンターたちは、彼ら彼女らが自分の立場がいかに危うく、勝手に人事を決めるマネジャーの言いなりになっていると感じているかをよく承知している。

以上、これら四種類の欲動は、どれが重要か、順位をつけられないだけでなく、いずれも異質なものである。社員同士の絆に無関心な組織、仕事が無意味に思える職場、無防備だと感じさせる組織では、給料をたくさん払うことで、社員たちがみな一生懸命働くように期待して無駄に終わる。また、まともに給料が支払われない、あるいは死ぬほど退屈な仕事をこなすだけといった職場では、単にチームの結束を促すだけでは不十分である。

そのような状況で人を働かせることも不可能ではない。お金は必要だし、当面その職場で働く以外にあてがないということもあるからだ。しかし、社員から最高のものを引き出すことは無理だろう。それればかりか、いま以上の働き口が見つかれば、社員を失うおそれがある。社員のモチベーションを十分に高めるには、これら四種類の欲動すべてに対処しなければならない。

モチベーションを組織的に底上げする

四種類の欲動を満たすことは、どのような企業にも必須であるが、我々の研究から、以下のような組織上の急所にてこ入れすることが最善の方法であることが判明した。

報奨制度

獲得への欲動をいちばん手っ取り早く満たす方法が、報奨制度である。具体的には、成績が優秀な者と劣る者をどのように区別するか、業績と報奨をどのように連動させるか、優秀な人材にどのように成長の機会を与えるかなどである。

ロイヤル・バンク・オブ・スコットランド（RBS）が買収したナショナル・ウェストミンスター銀行（ナットウェスト）では、報奨制度は、社内政治、職位、勤続年数に左右されていた。買収によってこのような文化も取り込んでしまったRBSは、マネジャーたちに具体的な目標への責任を負わせ、平均以上の業績を上げた行員に報いる新たな制度を導入した。

買収後の混乱がなお残っている時期に、意外にもナットウェスト出身者たちは、この新銀行にすんなりとなじんだ。その理由の一つとして、厳格ではあるが、個人の成果を正当に評価する報奨制度が挙げられる。

産業財と消費財を製造するソノコは、社員それぞれの獲得への欲動を満たすべく、一致団結の努力が実り、みごと企業変革を成功させた。その努力とは、業績連動型の報酬制度を導入したことである。それ以前も、業績目標は高く設定されていたが、そのためのインセンティブはあまり効果的なものではなかった。

一九九五年当時、人事担当バイス・プレジデントに就任したばかりのシンシア・ハートレーの下、ソノコは個人とグループの業績評価指標に基づく成果給制度を導入した。定期的に実施される社内調査によれば、その結果、仕事への愛着と従業員満足度が向上したという。

二〇〇五年、ヒューイット・アソシエイツは、「人材マネジメントに最も優れたアメリカ企業二〇社」にソノコを選んでいる。3Mやゼネラル・エレクトリック、ジョンソン・エンド・ジョンソン、デル、IBMなどの大企業が並ぶなか、同社はこの栄誉に輝いた数少ない中小企業の一つであった。

企業文化

絆への欲動を最も効果的に満たす方法、すなわち厚い仲間意識を育む方法は、チームワークやコラボレーション、開放的な雰囲気、そして友好な人間関係を促進する企業文化を形成することである。

タコツボ化しがちなナットウェスト出身者を変身させるために、新生RBSでは、両行から人材を集めて、やるべきことがはっきりしているコスト削減プロジェクトや収益拡大プロジェクトに取り組ませた。両行にとって新たな出発点となる、この新体制の下、行員たちは過去とのしがらみを断ち切り、新たな絆を強めた。

行員たちに範を垂れるため、RBSと旧ナットウェストの執行役員らで構成された経営委員会は、毎週月曜日の午前中に会議を開き、各問題の解決に当たっている。これによって、経営陣の意思決定を遅らせる原因となっていた、官僚的で社内政治的なプロセスがなくなった。

もう一つ、模範的な文化のある企業として紹介したいのは、スーパーマーケット・チェーンのウェグマンズである。同社は一〇年間にわたって『フォーチュン』誌の「最も働きがいのある企業一〇〇社」に選出されてきた。同社のオーナー一族は、家族的な雰囲気の文化を全社に浸透させることの重要性を強調する。

同社の従業員に調査すると、経営陣は従業員のことを気遣っている、従業員は互いを思いやっているという回答が一様に返ってくるが、これはチームワークと帰属意識が強いことの裏づけである。

職務設計

理解への欲動の場合、社員にとって有意義で、おもしろみとやりがいを感じられるような職務設計をすることが最も効果的である。一例を挙げると、ＲＢＳはナットウェスト買収後の統合プロセスにおいて、コスト削減を厳格に貫く一方で、多額の投資により、時代の最先端をいく企業内大学を、社員が通いやすい社屋の隣に設立した。

この結果、社員の絆への欲動が満たされて企業を成功へと導いただけでなく、同僚、顧客、投資家に今まで以上に貢献するために、自分にはいったい何ができるのか、行員たちに従来の枠を超えて考えさせるきっかけにもなった。

シルク・ドゥ・ソレイユもやりがいがあり、充実感のある仕事を提供することに真剣に取り組んでいる。過酷なリハーサルや多忙な公演スケジュールにもかかわらず、パフォーマーたちの創造性を伸ばし、技術を究めることを後押ししているため、魅力的な職場になっている。

ステージ・パフォーマンスについても、それぞれに発言権が与えられており、また新たな技術を学ぶために別の演目に移ることも許されている。それに加えて、その分野におけるる世界のトップ・アーティストの一員として、常にメディアに取り上げられる特典もある。

業績管理と資源配分のプロセス

業績管理と資源配分が、公正で信頼性が高く「見える化」されていれば、防御への欲動が満たされる。たとえばＲＢＳは、多大な努力を払って、意思決定プロセスをきわめて明快なものに改革した。以前は、社員が長年温めてきた構想を却下された場合などは、マネジャーの出した結論に反発することもあったが、改革後は、意思決定の裏側にある論理的な根拠まで知ることで納得できるようになった。

またＲＢＳでは、ＩＴの新規導入といった案件などは、クロス・ファンクショナル・チームによる検討を経て、財務業績への影響度など具体的な指標に基づいて判断される。我々の調査で、行員たちはこうしたプロセスは公正であり、予算の判断基準は透明性が高いと答えている。ＲＢＳは行員への要求が高い組織であるが、行員たちもまた同じく高い視点で組織を見ている。

また、『フォーチュン』誌の「最も働きがいのある企業一〇〇社」の常連であるアメリカンファミリー生命保険（アフラック）からは、組織の手法と感情的な欲動をうまく合致させる方法を、多様な切り口で学ぶことができる（**図表1**「四種類の欲動に対処する」を参照）。

アフラックでは、獲得への欲動に対処するために、きわめて優秀な社員は公然と業績を認められ、報奨が与えられる。また、連帯感を育むために、社員感謝週間など企業文化面で工夫を凝らしている。また、研修と能力開発に大々的に投資することで、理解への欲動に応えている。

同社の営業職員は単に保険を販売するだけではない。新人をリクルートし、そのための研修カリキュラムを設計し、また管理することで、新たなスキルを開発する機会も用意されている。

防御への欲動については、社員の生活の質の改善に努めている。たとえば、研修制度や奨学金のほかに、ワーク・ライフ・バランスの向上を図るために職場内託児所など福利厚生も充実させている。また、いっさい解雇しないという方針によって社員との信頼関係を

図表1◉4種類の欲動に対処する

社員たちは4種類の感情的欲動を満たすことを欲するが、そのためにてこ入れすべき組織上の急所がある。この表は、てこ入れすべき組織上の急所、そのためのツールの効果を十分発揮させる具体的な行動について、欲動ごとに一覧したものである。

Drive 欲動	Primary Lever 組織上の急所	Actions 行動
1 Acquire 獲得	報奨制度	●成績が優秀な者、平均的な者、劣る者の間で、はっきり差をつける。 ●業績連動型の報奨制度を導入する。 ●競合他社並みの給与を支払う。
2 Bond 絆	企業文化	●社員の間に信頼と友情を育む。 ●協力とチームワークを大事にする。 ●ベスト・プラクティスの共有を奨励する。
3 Comprehend 理解	職務設計	●社内で具体的かつ重要な役割を担うように職務設計する。 ●組織に貢献しようという意識が高まるように職務設計する。
4 Defend 防御	業績管理と資源配分プロセス	●プロセスの「見える化」を図る。 ●公正であることの重要性を強調する。 ●報奨や人事など業績評価において公正かつ透明性を保つことで信頼を築く。

深めている。同社の理念は、社員第一主義、すなわち社員を最優先に考えることである。そうすることで、社員たちは顧客を大切にするようになるというのが同社の信念である。

本稿で紹介している企業事例はいずれも、組織がアプローチすることで、社員のモチベーション全般に好影響をもたらしている。そのなかでもアフラックは、多面的な取り組みを通じて、四種類の欲動すべてを満たせることを示す典型例といえる。我々の調査では、このような包括的アプローチが最も優れていることを示している。

四種類の欲動の一つでも「多少改善した」と社員たちが回答している場合、彼ら彼女らのモチベーションもそれに応じて高まっていることが判明した。他社と比較して大幅にモチベーションが向上したならば、それは四種類の欲動すべてに包括的に取り組んだことの賜物である。

このような効果が得られたのは、いくつかの欲動が満たされたためだけでなく、各取り組みが互いに補強し合っていたからだと考えられる。すなわち、各欲動に個別で取り組んでも間違いなく成果が得られるが、四種類すべてに同時に取り組んだほうが成果は大きいということである。

社員のモチベーションが平均水準にある某企業を例に考えてみたい。同社の職務設計（理解への欲動に最も影響を及ぼす急所）について、社員たちがゼロから五までの範囲で評価したところ、点数が一点上がると、モチベーションの絶対水準は五パーセント高まり、相対評価値は五〇から五六へと、わずかながら上昇した。なお、相対評価値の数値は百分位で示した当該企業の順位（パーセンタイル）であり、その数値が大きいほどモチベーションの水準は高いといえる。

その一方、四種類の欲動すべてで点数が上がると、モチベーションは絶対水準で二一パーセント上昇し、相対評価値は八八へと跳ね上がった（**図表2**「モチベーションを底上げする方法」を参照）。

仕事への愛着、従業員満足度、コミットメント、離職意思の面で優れていれば、その企業の競争力も優れているといえる。

直属の上司が果たすべき役割

我々の研究から、社員のモチベーションとその欲動においてカギを握るのは、組織要因だけではないことが明らかになった。部下たちが直属の上司をどのように思っているかも、同じく重要なのである。

部下たちはさまざまな組織的要素——その一部は上司の権限が及ぶ範囲を超える——が自分たちのモチベーションに影響を及ぼすことを認識している。とはいえ、自分たちを継続的に動機づけられる能力が上司にあるかどうかについても、社員たちの評価は厳しい。

図表2◉モチベーションを底上げする方法

社員を動機づける能力を組織として伸ばす秘訣は、4種類の欲動のいくつかではなく、すべてを満たす効果的な方法を考えることだ。社員のモチベーションが平均的水準にある企業を例に考えてみよう。

職務設計（理解への欲動に最も影響を及ぼす急所）の点数だけが上がっても、その企業の相対評価値は50から56に上昇するだけである。しかし、これらへの欲動すべてを改善すれば、88へと躍進する。なお、相対評価値の数値は百分位で示した当該企業の順位（パーセンタイル）であり、その数値が大きいほどモチベーションの水準が高いといえる。

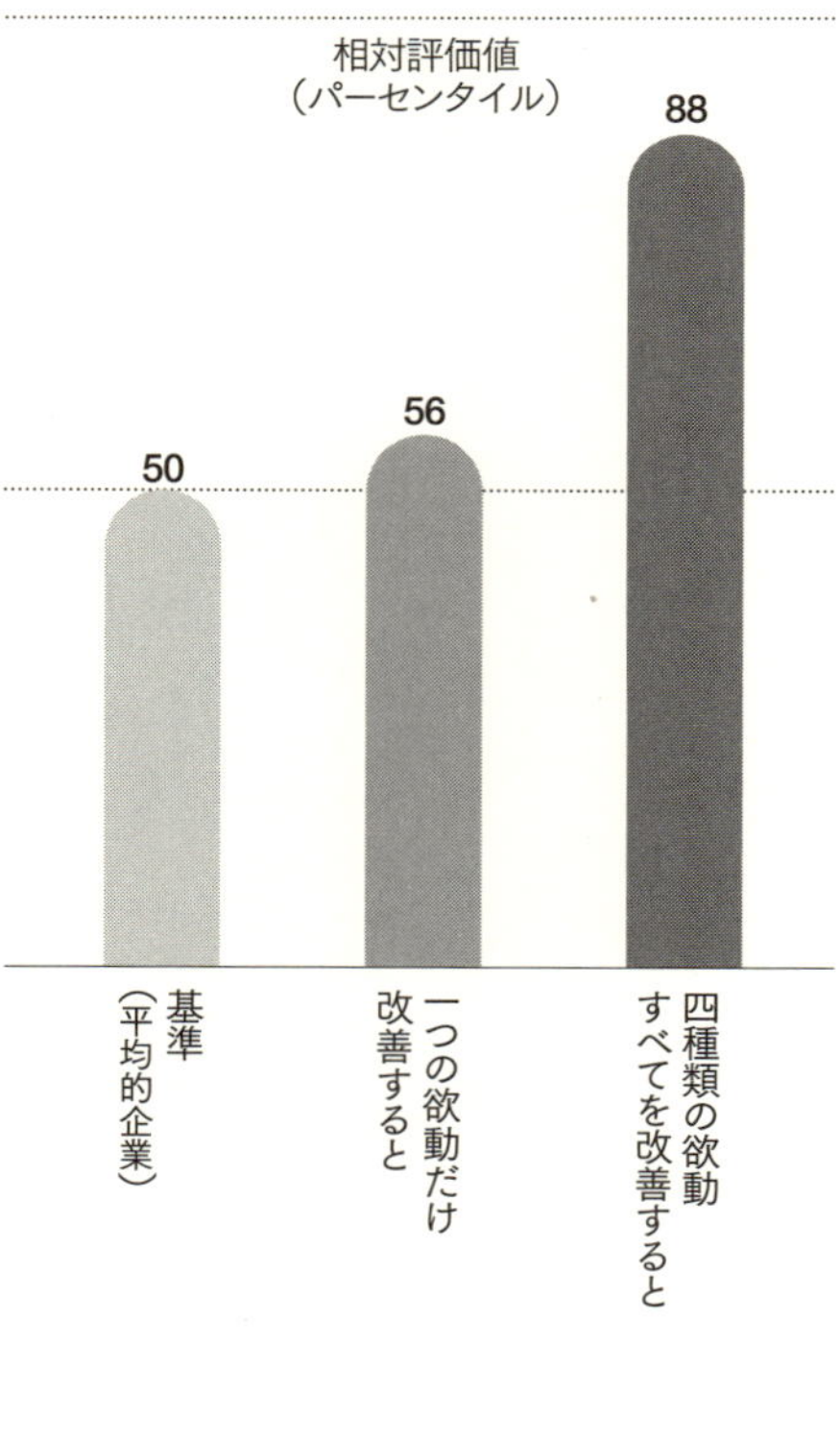

彼ら彼女らは、上司が四種類の欲動すべてに対処することは、組織の方針と同じくらい重要であると考えている。言い換えれば、会社のプロセスや方針を実行に移す手段を決める権限を、上司はある程度持っていると見ているのだ（**図表3**「直属の上司も重要である」を参照）。

部下たちは、全社の報奨制度や企業文化、職務設計、マネジメント・システムに、自分の上司が影響力を及ぼしうるなどとは思っていない。しかし上司には、自分の力の及ぶ範囲内で、ある程度の裁量権が与えられていることを知っている。

機能不全に陥っている制度の陰に隠れて何もしない上司もいるが、制度の不備を突いて、それを逆手に取る上司もいる。また、たとえば、ほめる、認める、やりがいのある仕事を任せるといった方法でも、社員の業績に報いることができる。あるいは、業績が上位の者と下位の者を区別する方法に従って、ボーナスを配分してもよい。

仲間意識の重要性に無関心で、社内競争の激しい企業文化であっても、上司はチームワークを奨励する行動が可能なはずである。また、有意義でわくわくするような仕事を与えることもできるだろう。

組織全体にまつわる問題が存在していようと、自分の力が及ぶ範囲内でモチベーションを高める環境を整えた上司は、たいてい部下から高い評価を得ている。逆に、組織全体としてはモチベーションを高める能力が優れているにもかかわらず、逆に低下させてしまう環境にしてしまう上司もいる。

部下たちは、欲動を満たす組織的要素は欲動ごとに異なると考えている一方で、こと上司に対しては、組織上の制約があるとはいえ、その範囲内で四種類の欲動すべてに対応し、最善を尽くすことを期待している。

我々の調査結果によれば、たった一つの欲動でも、自分の上司がそれに対処する能力が他の上司よりも大幅に劣っていると判断される場合、組織全体に重大な問題があったにしても、部下たちはその上司を低く評価する。部下たちは、組織全体を見渡し、そのなかの一存在として上司を評価する一方、組織の欠点とは別に、上司だけに照準を合わせて評価しており、これはまさしく公正といえる。

端的に言えば、部下たちの基本ニーズのすべてを満たすという点で、その上司に「できないことは何か」だけでなく、「できるはずのことは何か」についても、部下たちは現実的に評価しているのだ。

我々が調査した某金融サービス会社では、獲得、絆、理解への欲動に対処する能力において、あるマネジャーの評価は他のマネジャーたちのそれを上回っていた。ところが、防御への欲動だけは全社平均以下だった。それゆえ、彼の率いる部門は、仕事への愛着とコミットメントの面で全社平均を下回っていた。

四種類のうち三つの欲動において、その上司の能力は他の上司より優れていたにもかか

図表3◉直属の上司も重要である

我々の調査において、社員のモチベーションの相対評価値で上位20%の企業では、社員の評価を平均してみると、自分のモチベーションを高めるうえで、「上司の能力」が、4種類の欲動を満たす組織能力と同等に重要であると評価している。下位20%の企業を見ても、4つの指標における相対評価値の平均値は上位20%の企業と比べてはるかに低いものの、同じパターンが示された。

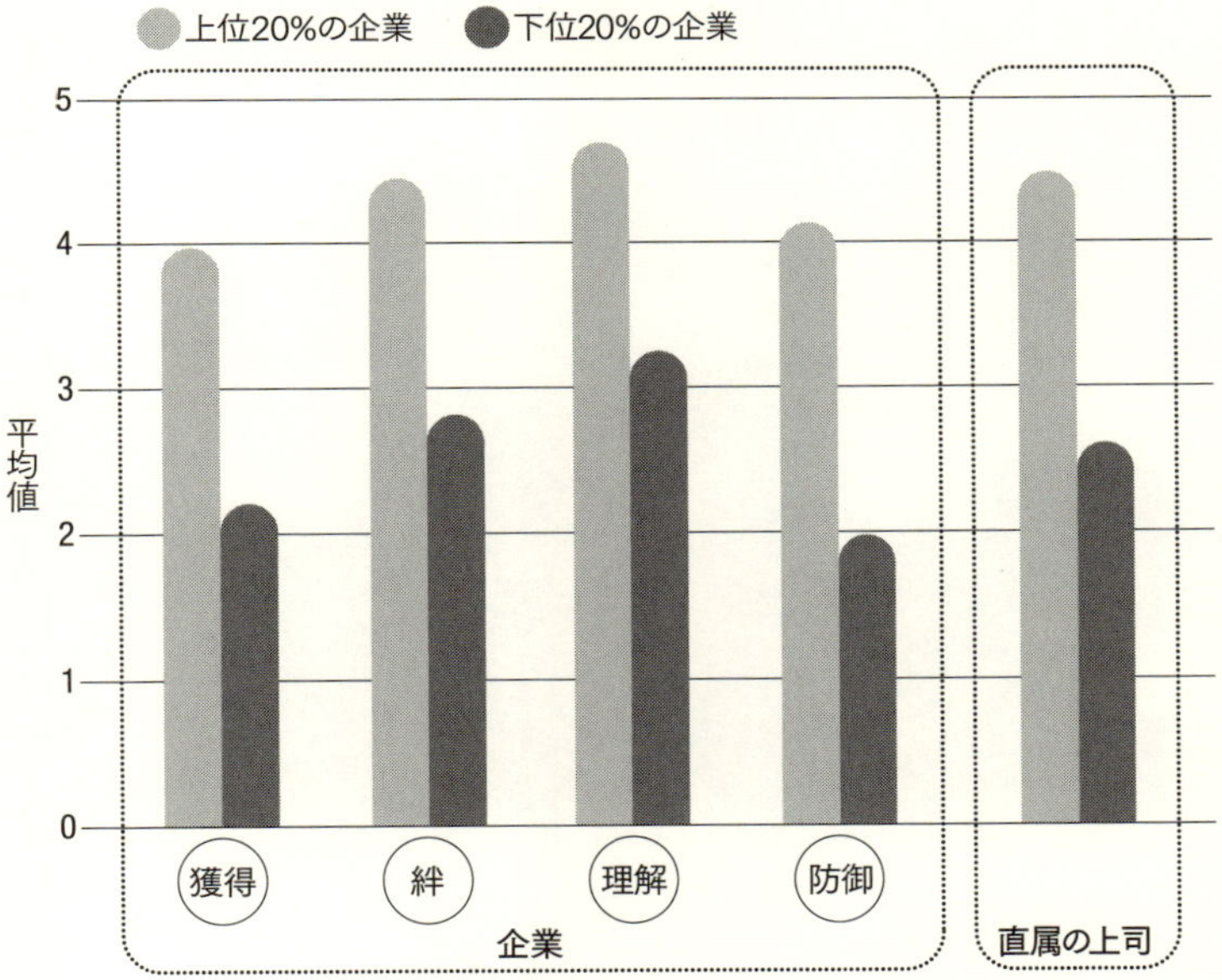

わらず、残りの一つが相対的に劣っていたために、部門全体のモチベーションが低下してしまったのである。

＊　＊　＊

我々の理論では、社員のモチベーションには、組織と上司という二つの要素が複合的に作用すると仮定している。社員のモチベーションが高ければ、企業の業績は向上するという一般通念が事実であると考えれば、本稿で示した人間行動に関する洞察に基づいて、企業と経営陣が先の四種類の欲動すべてに対処すれば、社員たちの能力を最大限に引き出し、ひいては業績の拡大につながるだろう。

【注】

Paul R. Lawrence and Nitin Nohria, *Driven: How Human Nature Shapes Our Choices*, Jossey-Bass, 2002.

第3章 Inner Work Life:
Understanding the Subtext of Business Performance

知識労働者のモチベーション心理学

ハーバード・ビジネススクール 教授
テレサ M. アマビール
Teresa M. Amabile

著述家
スティーブン J. クラマー
Steven J. Kramer

Teresa M. Amabile
ハーバード・ビジネススクールのエドセル・ブライアント・フォード記念講座教授。

Steven J. Kramer
フリーの研究者、著述家。

"Inner Work Life:Understanding the Subtext of Business Performance"
Harvard Business Review, May 2007.
初出「知識労働者のモチベーション心理学」
『DIAMONDハーバード・ビジネス・レビュー』2008年3月号

「インナー・ワーク・ライフ」という新たな概念

社員に知識労働を求める企業であれば、頭脳の重要性をよく認識していることだろう。そして、知性あふれる人材を採用し、彼ら彼女らが有益な情報にアクセスできるようにしていることだろう。また、インセンティブの効果を理解し、社員たちの知的エネルギーの流れをコントロールするために報酬制度を用意しているに違いない。

しかしもう一つ、知識労働者のパフォーマンスを決定づける重要な要因を見落としてはいないだろうか。それは、各人が内面に抱いている「インナー・ワーク・ライフ」（個人的職務体験）である。

人々は日々、職場においてさまざまな出来事を経験し、それらに対処しているが、その結果、人々の「認識」「感情」「モチベーション」はたえず変化している。とはいえ、朝、職場のドアを開ける前に、自分の感情や精神状態をいちいち確認している人はまずいない。

あいにく現代の企業では、このような内面がオープンに表現されることはほとんどないため、経営者は、社員たちの個人的な思考や気持ちなど、いちいち気にしていられないと思ってしまうことが少なくない。

心理学者である我々は、一〇年ほど前から、日々のインナー・ワーク・ライフに興味を抱くようになった。知識労働者たちの認識、感情、モチベーションの複雑な働きについて知りたいという知的好奇心から、我々は、インナー・ワーク・ライフの研究を始めたが、関心はそれにとどまらず、そのような作用が仕事のパフォーマンスにどのような影響を及ぼすのか、その力学を解明することへと向かっていった。これは経営の観点に基づく実践的な問いといえる。

我々はこの問題を検証するために、多数の知識労働者のインナー・ワーク・ライフを観察できる「窓」を設ける研究プロジェクトを起ち上げた。具体的には、二六のプロジェクト・チームに属する二三八人のプロフェッショナルたちに、プロジェクト期間中、共通フォーマットの日誌に毎日記入してもらうことを依頼した。

こうして蓄積されたデータは一万二〇〇〇件近くに達し、インナー・ワーク・ライフの力学と、それが社員のパフォーマンスに大きく影響していることを明らかにすることとなった。したがって、社員たちのインナー・ワーク・ライフは企業全体にも多大な影響を及ぼしているといえる。

あなたが経営者ならば、自分に与えられている力の大きさに呆然とするかもしれない。その行動次第で、社員たちのインナー・ワーク・ライフはがらりと変わってしまうからである。社員のモチベーションとパフォーマンスを高めるカギは、あなたの手に握られている。ただし、それはあなたが考えているものとは違っているかもしれない。

感情、認識、モチベーションの相互作用

直近で職場で経験したことを詳細に思い出してみてほしい。もしも何人かがあなたの様子を、隠れて一日中観察していたとしたら、何がわかっただろうか。

あなたが書いたeメールを読み、スプレッド・シートに入力した数字を点検し、作成したリポートをチェックする。同僚や部下、上司との会話に聞き入り、会議や廊下で出くわした時、どのような話し方をしたのかに注目する。顧客や取引先、コンサルタントと電話で話した内容に耳をそばだてる。あなたが椅子に腰かけ、しばし空を仰いだり、短いメモを取ったりするのを見ている。

しかしこのような観察で、あなたのインナー・ワーク・ライフを本当に理解できるのだろうか。もちろん無理である。だれかと話したり、リポートを書いたりしながら、あなたは目の前の仕事をこなしていただけではない。仕事中のいろいろな出来事を通じて、一緒に働く仲間や、自分が属する部課、自分の仕事、そして自分自身に関する認識を何度もつくり直している。また、小さな満足感、いらだち、時には誇らしい気持ち、肩を落とすような落胆など、さまざまな感情を抱いたことだろう。

このような認識や感情が絡み合い、あなたのモチベーションにたえず影響を及ぼし、そ

の日のパフォーマンスが決まる。インナー・ワーク・ライフと呼ぶのは、このことである。それは、認識、感情、モチベーションのダイナミックな相互作用にほかならない。

・認識：出来事とその意味について何らかの印象を抱くことであり、またそれを解釈する拠りどころとなる理論を探すことなどが含まれる。

・感情：目的を達成した時の意気揚々たる気持ち、障害に直面した時の怒りなど、具体的に定義しうる反応もある一方、いい気分、あるいは悪い気分といった漠然とした心理状態も含まれる。

・モチベーション：何をしなければならないのかについて、自分が理解していることであり、各時点においてそれを行動に移す動因である。

インナー・ワーク・ライフは、職場で過ごす生活において決定的な要因だが、他人がそれを知ることはまずできない。それどころか、それを経験している本人でさえ、それを細かく吟味しようとはあまり思わないものだ。

インナー・ワーク・ライフを研究するには、単なる観察を超えたアプローチが必要だった。そこで我々は、「日誌」というよく知られた手段を用いることにした。参加者全員に、定型フォーマットのeメールを毎日送り、我々以外にはだれにも見せないことを条件に、その日で最も印象に残った出来事について、簡単に説明してくれるように依頼した（**章末「インナー・ワーク・ライフの調査方法」**を参照）。

参加者たちのコメントは、その日の出来事について感じたこと、たとえば自分の仕事やチーム、組織への言及、またその出来事の自分にとっての意味などのほか、その出来事によってどのような気持ちになったのかを述べるものが大半を占めた。

我々はさらに、創造性、仕事の質、仕事への意欲、チームワークへの貢献度といったさまざまな面について、月に一度、参加者自身とそのチーム・メンバー全員について一人ひとり数値評価してもらった。

本調査では、プロジェクト・チーム全員に参加してもらったため、我々、参加者本人、チーム・メンバーの三角評価が可能となり、その結果、注目すべき出来事とその影響についての理解をより深めることができた。また、チーム・メンバーの日誌だけに頼ってパフォーマンスを評価するのを避けるため、事情に詳しい外部者の見解も加味することにした。

調査を始めてすぐ、参加者のインナー・ワーク・ライフが起伏に富んでいること、参加者が日々の出来事に強く影響されていることを示すデータが集まり始めた。また、認識、感情、モチベーションの相互作用、すなわちインナー・ワーク・ライフのシステムが次第に明らかになってきた（**図表1**「内面で何が起こっているのか」を参照）。

こうした発見は、人間の脳に関する知見とみごとに符合している。神経科学は近年、出

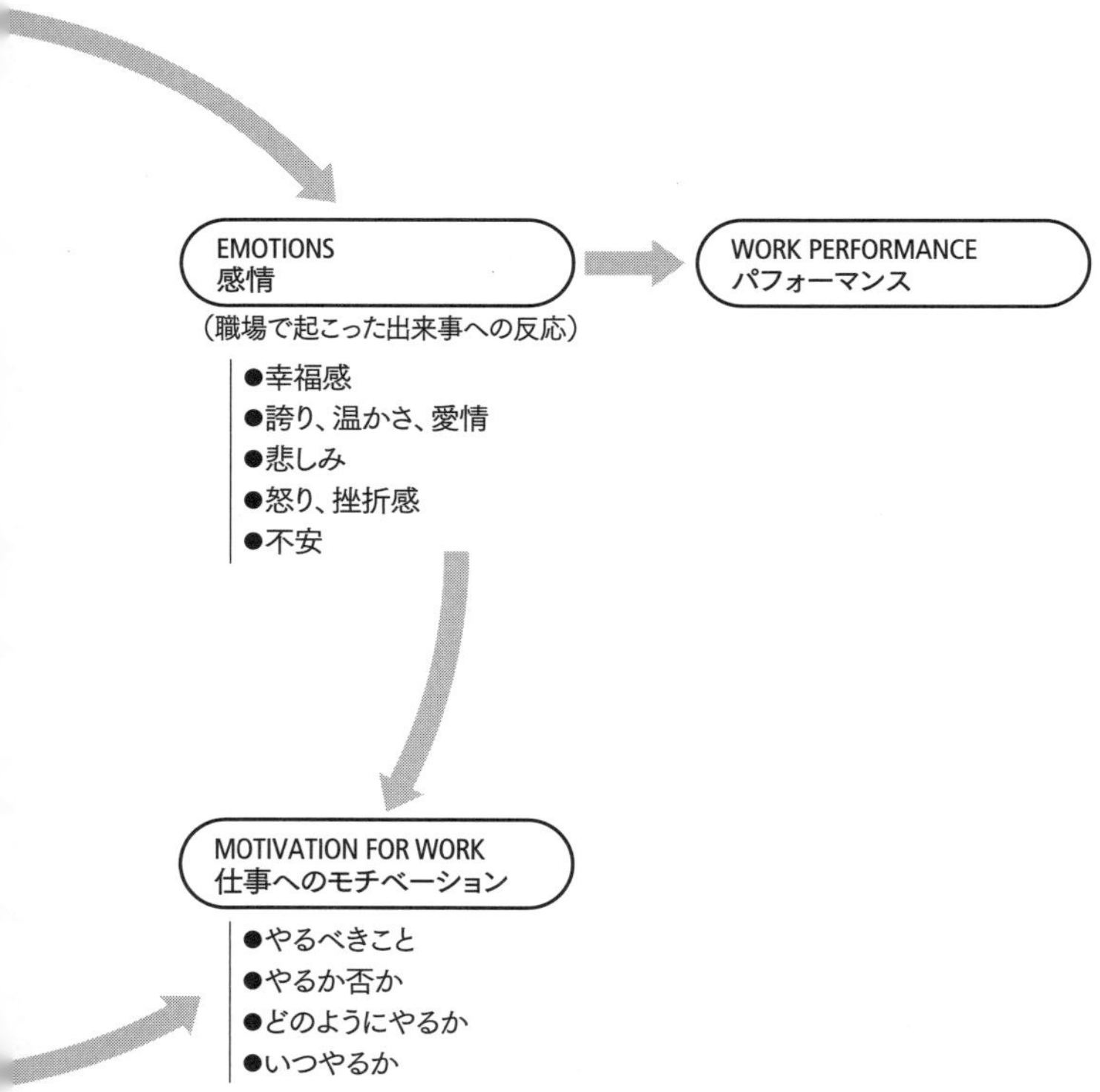
EMOTIONS
感情
（職場で起こった出来事への反応）
●幸福感
●誇り、温かさ、愛情
●悲しみ
●怒り、挫折感
●不安
WORK PERFORMANCE
パフォーマンス
MOTIVATION FOR WORK
仕事へのモチベーション
●やるべきこと
●やるか否か
●どのようにやるか
●いつやるか

図表1◉内面で何が起こっているのか

社員一人ひとりの仕事の出来映えは、上司の行動を含め、職場で起こった出来事によって引き起こされる認識、感情、モチベーションの複雑な相互作用に影響される。しかし、経営陣や上司が、こうしたインナー・ワーク・ライフを観察することはまずない。

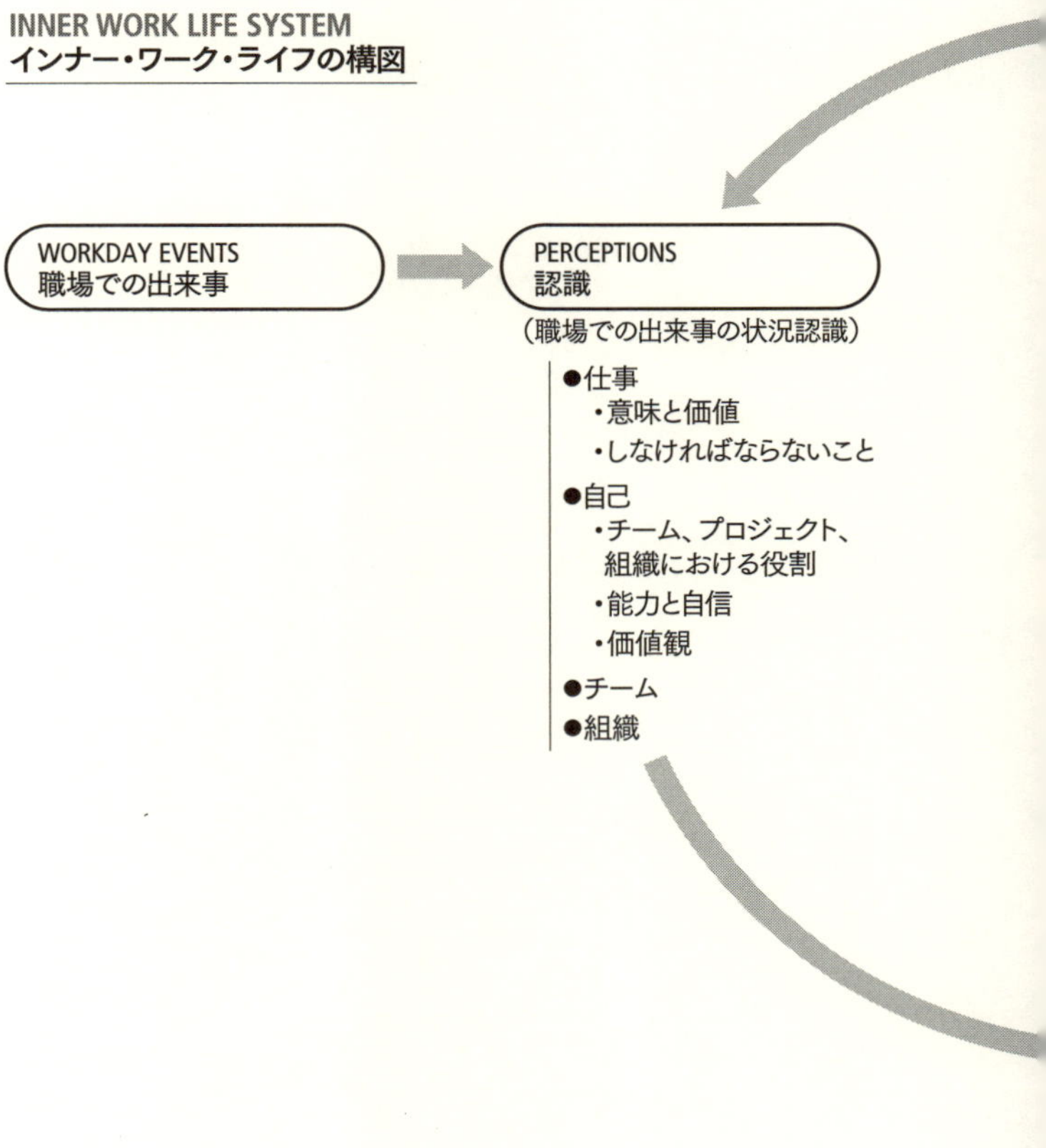

来事の認識を含む「認知」と「感情」が深く関係し合っていることを明らかにしている。たとえば、脳のなかで合理的な思考や意思決定に反応する部位は、喜怒哀楽にまつわる部位と直接つながっている。認知と感情は別々の精神現象ではなく、相互かつ複雑に絡み合っているのだ。

あらゆるシステムがそうであるように、脳を各部位に分けて、個々に観察しただけでは脳全体について理解できない。インナー・ワーク・ライフのシステムも同様である。各要素そのものだけでなく、それらの相互作用について考慮しなければならない。

仕事中に何か起こると、ただちに認知プロセス、感情プロセス、モチベーション・プロセスが働く。人々の心は状況認識《センス・メーキング》を開始し、そのような状況が生じた理由と、それがどのような影響をもたらすのかを理解しようとする。この認識プロセスが、その状況によって芽生えた感情プロセスに働きかけ、双方が影響を及ぼし合う。

こうした認知プロセスと感情プロセスの働きによってモチベーション・プロセスが影響を被れば、仕事への取り組み方も変わってこよう。我々はこのような各プロセスの働きを、調査対象チームすべての日誌のなかに、またほとんどの参加者に見出した。

その具体的な例として、ドリームスイート・ホテルズの関連会社、データブルックの「インフォマップ・チーム」を紹介しよう（人名や社名はすべて仮称である。個人や企業を特定しうる情報についてもすべて修正を施している）。

インフォマップ・チームは、IT技術者九人からなるチームで、いろいろなプロジェクトを次から次へとこなしていた。我々は五カ月にわたって、このチームを追跡調査した。調査を始めて四カ月目、急きょ緊急プロジェクトが持ち上がった。これは会社の財務業績を左右するもので、それゆえ、「ビッグディール・プロジェクト」と呼ばれることになる。ドリームスイートが一億四五〇〇万ドルもの損害賠償を請求されたため、同社法務部は、会社を守るために膨大な量の財務記録を分析する必要に迫られたのである。インフォマップ・チームは、この作業を八日間で完了しなければならなかった。

認識

図表2「経営陣には見えない現実」で一部紹介した日誌を見ればわかるとおり、このビッグディール・プロジェクトはチーム・メンバーのインナー・ワーク・ライフに甚大な影響を及ぼしている。

参加者たちの日誌について検討し、まず明らかになったのは、「今日の出来事」が各人の認識を形成しているということだった。たとえば、クラークの五月二六日の日誌には、プロジェクトの開始と、それをめぐる活動について書かれている。彼はまさしく状況認識し、新しい仕事が「重要」であると判断し、チームの「問題解決力」と経営陣の「協力的な姿勢」を肯定的に評価している。

図表2◉経営陣には見えない現実

ほとんどの上司は、部下のインナー・ワーク・ライフに起こっていることをきちんと理解しておらず、どのような出来事がインナー・ワーク・ライフに影響を及ぼしているかについては、さらに無頓着である。

例として、ドリームスイート・ホテルズの関連会社、データブルックの「インフォマップ・チーム」の日誌を見てみよう。なお、人名および会社情報はすべて架空のものに差し替えてある。また、わかりやすく簡潔にするため、日誌にはわずかだが編集を施している。

インフォマップ・チームはIT技術者9名からなるチームで、会社の財務業績に重大な影響を及ぼす「ビッグディール」と呼ばれる緊急プロジェクトを任された。ドリームスイートが1億4500万ドルもの損害賠償を請求されたため、同社法務部は、会社を守るために膨大な財務記録を分析する必要に迫られたのだった。

インフォマップ・チームは、この仕事を8日間で完了しなければならなかったため、メンバーは、祝祭日のみならず週末もつぶして、長時間働き詰めに働くことになった。

しかし、チームの雰囲気は驚くほど明るかった。仕事量は半端でなく、スケジュールもきつかったにもかかわらず、このようなポジティブな姿勢が生まれたのはなぜだろう。

データブルックのシニア・マネジャーたちは、ふだんはインフォマップにほとんど無関心だったが、この時だけはインフォマップ・チームの仕事場の周辺にとどまり、プロジェクトの進捗状況を頻繁にチェックしただけでなく、ほかの案件を退けてチームの仕事を最優先し、チームを励まし支援するために、さまざまな細かい気配りを見せた。社内の他のグループも、必要に応じて喜んでチームを応援した。

チーム・リーダーの一人でプロジェクト・マネジャーだったエレンは、手術を受けた病み上がりの体だったにもかかわらず、かなりの仕事を引き受けただけでなく、チーム、シニア・マネジャー、社内クライアントとの連絡係としても活躍した。

どうにかこうにかプロジェクトが終了した時、メンバーたちはみな、最後の5日間の昼夜にわたる追い込み作業でへとへとになっていたが、このような経験を幸福と感じ、満足感にあふれていた。

一見ありふれた、ささいな気配りに思えたとしても、経営陣の真摯な姿勢と行動が功を奏したことは明らかである。メンバー自身の言葉がつづられた日誌の抜粋から、この物語を再現してみた。

5月25日

プロジェクトの開始

休日にチーム・メンバーが招集される

火曜日 Tuesday

呼び出されて「ビッグディール・プロジェクト」に加わった。ドリームスイートが訴えられたので「ビッグディール」という名がついたそうよ。私の休暇はどうなるのかしら。

休みに呼び出すなんて、もう最低。でも、自分はプレッシャーがあったほうが、結果を出せるほうだと思うし、チームの戦力になれると思う。

ヘレン

5月26日

水曜日 Wednesday

今日もドリームスイートの訴訟問題の仕事で一日が終わった。

上司の上司が来て励ましてくれたのは嬉しかった。ミネラル・ウォーターを持ってきてくれた。私がいつも買っている安物ではなかったし。

みんな疲れているけど、まだへたばっている人はいない。プレッシャーのなかで働くのも悪くないと思う。

ヘレン

水曜日 Wednesday

トムと私の担当外のところで、チームにとって重要な出来事があった。そう、（ビッグディール・プロジェクトのために）データを出すように頼まれたのだ。エレンが休暇中のヘレンに連絡している間、事業部長や上司をはじめ、大勢のユーザーがチームのオフィスに集まって、一日中、僕らの仕事の進捗についてチェックしていた。**僕の担当外のことについて今日の出来事として紹介したのは、チームが扱っている財務データの重要性、チームの問題解決力の素晴らしさ、経営陣の協力的な姿勢を目のあたりにすることができたからだ。**いずれも、とても有意義な経験だった。

クラーク

5月27日

シニア・マネジャーがプロジェクト・チームを訪問

木曜日 Thursday

先週くらいから、うちのチームは**上を下への大騒ぎ。**みんな、ありえないぐらい長時間働いているし、バイス・プレジデントたちがぞろぞろやってくるし。エレンはみんなを叱咤激励しながらも、バイス・プレジデントたちがせっつくので、そのたびにリポートをつくっていた。短期的にはチームの生産性は下がってしまうだろうが、長期的には、**火急の仕事のおかげでエレンが会社のお偉方に認められれば、エレンのキャリアにとって（たぶん僕たちにも）メリットがあるんじゃないかな。**

トム

木曜日 Thursday

もうみんな参っちゃいそう。ただ、自分の仕事はほぼ終わったわ。やれやれ。上司の上司がミネラル・ウォーターとピザを差し入れしてくれたわ。

ヘレン

木曜日 Thursday

今日も、**チーム全体が一丸となって働いた。**すごい。みんな、大プロジェクトをやっつけるために一日中働いたのよ。私がオフィスに着いてから15時間くらい経つけど、**ここ何カ月かで最高の一日!**

マーシャ

月曜日 Monday

金曜日の朝からいまのいままで、7、8時間眠っただけで、後はずっと働きっ放し。それが今日の出来事かな。プロジェクト・マネジャーと私と、もう1人のメンバーの3人で、**金曜日は14時間、土曜日も14時間、日曜日も14時間働いた。今日も深夜12時か、もっと遅くまでいることになりそう。**一緒に働いている仲間は最高よ。**たしかにストレスがたまってるけど、雰囲気はいいし、楽しいわ。**

マーシャ

5月31日　戦没将兵追悼記念日

月曜日 Monday

この試練の間じゅう、みんな助け合ってきた。その後の達成感。それだけでもう、すごい事件だと思う。

5月25日から30日までの間に、私は70時間以上働いた。他のメンバーの何人かも、同じくらい働いていた。エレンもそうだったから、いつもみんな彼女の体のことを心配していた。

でも、エレンはいつもどおりすごかった。みんな、思いがけない問題にぶつかっていろいろ判断する必要に迫られた。「やっと終わった」と何度か思ったけど、そのたびにデータに問題が見つかって、ほとんど最初からやり直しというケースもあった。チームのうち少なくとも5人がそういう問題にぶつかって、休暇も旅行も返上して一日中働いていた。

それから、他のチームにもかかわらず、助けに来てくれた人もいた（何と笑顔で）。「地獄に仏」とはこのことだね。よい面だけを見れば、この仕事はチーム・メンバーを結束させるものだったし、僕らの努力が他のいくつかのチームやシニア・マネジャーに認められて、彼らは週末も一緒に出勤して、自分の仕事は脇に置いて、食べ物を買ってきてくれたりと、ずっと応援してくれた。

チェスター

6月1日

プロジェクトの完了

火曜日 Tuesday

エレンが今日、ドリームスイートの法務部とマーケティング部門、それとデータブルック経営陣、合わせて20～30人とミーティングし、仕事の成果について報告した。**エレンは、疲れ切っていたけど嬉しそうに戻ってきて、メンバー全員をよくやったとねぎらい、みんなは拍手喝采で応えた。それからエレンは、一眠りするために家へ帰った。**

トム

プロジェクト・マネジャーがドリームスイートに報告

火曜日 Tuesday

今朝9時、うちのチームのここ5日間の大奮闘についてプロジェクト・マネジャーが会議でドリームスイートのマーケティング部門に報告した。我々は先週の木曜日から毎日14時間ずつ働いて、2つの大問題と格闘してきた。会議の首尾は上々で、チームの仕事は称賛された。今日はいつもどおり働いて、定時に帰宅した。**この5日間のことも思い出せないほど疲れ切っていたけど、とってもいい気分。**

マーシャ

プロジェクトも終わりに近づいた五月三一日のチェスターの感想も、同じような内容である。彼の状況認識でも、チームの共同リーダーであるエレン、チームそのもの、社内の他のグループ、そして経営陣を肯定的に評価している。

これら二人の認識は、たとえば、腕まくりしてチームと一緒になって働いたエレンの大車輪の活躍といった、具体的な出来事によって触発されたものだった。

感情

日々の出来事が人々の感情に影響を及ぼす様子についても観察できた。たとえばヘレンは、上司の一人がチームに差し入れを持ってきた時、やや大仰なほど喜んでいる。マーシャは、一丸となったチームワークに大きな満足感を示しており、五月三一日の職場の雰囲気が「いいし、楽しい」と記している。この日は戦没将兵追悼記念日であり、本来休日だったにもかかわらずだ。同じ五月三一日、チェスターもそのような気分を表現している。

また、これらわずか数件の日誌のなかにさえ、認識と感情が相互作用している証拠を発見できる。遅くまで働くチーム・メンバーの前に、シニア・マネジャーの一人がミネラル・ウォーターとピザを手みやげに現れた時、それは思いがけなく嬉しい気持ちにさせる出来事だっただけでなく、メンバーたちにしかるべきメッセージを届けることになった。

この一見ささいな出来事は、ビッグディール・プロジェクトに取り組むメンバーたちに、自分の仕事と自分自身が重要であり、評価されているという認識を与え、そのことがポジティブな感情を引き起こしたのである。

他の社員や別のチームが支援を申し出てきた時も、似たような感情が引き起こされ、これらの人たちについてチーム・メンバーたちが前々から形成していたポジティブな認識が強化されるとともに、次第にポジティブな感情へと結びついていった。

モチベーション

ビッグディール・プロジェクトのメンバーたちの日誌には、高次元のモチベーションが見て取れる。たとえば、マーシャの五月二七日の日誌を見ると、彼女はその日一五時間ぶっ続けで働いたのに、「ここ何カ月かで最高の一日!」と記している。また、「チーム全体が一丸となって働いた」と書き、自分たちの仕事を「大プロジェクト」と呼んでいる。

彼女の五月二七日のモチベーションが、ポジティブな認識とポジティブな感情から生まれているのは、それ以前の日誌を見ればわかる。マーシャは、チームが一致団結して仕事に取り組んでいる時に士気が上がる傾向が強い。また、自分や自分の仕事の重要性について、それがちょっとした素振りでも、他人から評価されることで、彼女は自分や自分の仕事が高く評価されていることを認識する。

感情や認識によってモチベーションが変わるのは、何ら不思議ではない。だれでも、憂鬱な気分にさいなまれたり、怒りの感情に支配されたりしていれば、仕事をうまくやろうという気持ちなど起こるはずがない。逆に、仕事が楽しく、わくわくするような気分ならば、すすんで仕事を引き受け、大きなエネルギーを傾けるはずだ。

認識についても同じことがいえる。自分の仕事の質は高く、自分自身にも高い価値があるという認識があれば、自ずとモチベーションは高まる。もう一つ、同じくらい重要なことは、進むべき方向がはっきりしていることである。何をすれば先に進めるのかがわかっていれば、モチベーションも引き上げられる。

ビッグディール・プロジェクトの場合、これらの条件がすべて満たされていた。メンバーはみな高く評価されていると感じており、何をすべきかについても具体的に認識していた。そのことが最終的に、プロジェクトのパフォーマンスを押し上げたといえよう。期限までに仕事を終えただけでなく、仕事の質も高く、これが直接的かつ目に見えるかたちで、会社の成功に貢献したのである。

ビッグディール・プロジェクトが驚嘆に値するものだったことは、同じチームが手がけた別のプロジェクトと比較してみると、さらにはっきりする。他のプロジェクトでも、インナー・ワーク・ライフのシステムが機能している様子が確認されたが、それはビッグディール・プロジェクトで見られたようなポジティブなものではなかった。つまり、ビッグディール・プロジェクトとは異なり、チームと経営陣の関係は必ずしも良好とはいえないケースがあったのである。

調査を始めた当初、ある買収計画が発表された。社員たちはこれを敵対的買収と見なし、感情的に反応した。その頃の日誌を見ると、経営陣のことを「間抜け」とか「昔の農園主みたいな偏屈な連中」といった言葉で表現していた。買収後にレイオフが発表された時、チーム・メンバー全員が「フェアなやり方ではない」と認識していた。日誌には、不安や怒りに加え、モチベーションの低下も表れていた。

「みんな職を失うのではないかと、不安でうろうろしている」「やり切れないのは、こんなことになっても、会社のためなら、だれもが列車に身を投げて当然だと思っているらしいことだ。（中略）はてしなくばかな連中」等々――。

事実、我々がこのチームを調査した全期間にわたり（ビッグディール・プロジェクトの時は例外として）、チーム・メンバーたちはシニア・マネジャーについて、よそよそしく、チームがよい仕事をしても認めてくれないと認識し、程度の差こそあれ、悲哀、怒り、嫌悪といった感情を抱いていた。

シニア・マネジャーは、ビッグディール・プロジェクトの間、チームがきわめてポジティブな認識、感情、モチベーションを抱いていたことに気づいていたのだろうか。一方それ以外のプロジェクトでは、このチーム・メンバーたちのインナー・ワーク・ライフはきわめてネガティブなものだったことを知っていたのだろうか。

そうだったかもしれないが、我々がチーム・メンバーたちに会った時、彼ら彼女らは自分たちの感情や認識をチーム・メンバーのなかでしか表現せず、外にはまったく出さなかったとはっきり述べている。

我々の研究は、ほとんどの管理職たちが部下たちのインナー・ワーク・ライフにふさわしい対応を怠っており、インナー・ワーク・ライフがパフォーマンスに広範な影響を及ぼしうるという認識に乏しいことを示唆している。

「仕事が楽しい」ことの効果

インナー・ワーク・ライフが仕事のパフォーマンスにどのような影響を及ぼすのかは、経営研究家の間で長年議論されてきた。人は、幸福な時、仕事への愛情という内発的動機づけが高い時、高いパフォーマンスを実現するという主張がある一方、状況が切迫した時、締め切りや同僚との競争といった外発的動機づけが強いほうが、むしろパフォーマンスが向上するという意見もある。しかもどちらの見解にも、裏づけとなる調査報告がある。

我々はこの問題を詳細に調べた結果、インナー・ワーク・ライフとパフォーマンスはやはり関連しており、それらは正の関係にあることを強く確信することになった。ポジティブな感情が支配している時、あるいは内発的動機づけ、たとえば仕事への情熱にあふれている時、そして仕事、チーム、リーダー、組織について好ましい認識を抱いている時、人は高いパフォーマンスを示す。

しかも、人々の性格やキャリアも加味したうえで分析した結果、インナー・ワーク・ライフがパフォーマンスに及ぼす影響は、性格やキャリアとは無関係であることがわかった。簡単に言えば、人々は職場において、たえずそのインナー・ワーク・ライフの影響を受けながら働いているといえる。

ところで、知識労働のパフォーマンスとは、はたして何を意味するのだろうか。人々がやっかいな問題を解決するために協働しなければならない状況にあって、高いパフォーマンスを実現するには、「創造性」「生産性」「意欲」「同僚間の協力（同僚性）」の四要因が重要になる。

我々は、チーム・メンバーによる月一回の評価と日誌から得られた数値データのほか、日誌に書かれている内容の分析を加えて、先の四要因とインナー・ワーク・ライフにおける認識、感情、モチベーションとの関係について検証を試みた。

まずは、創造性、つまり革新的で有益なアイデアを生み出す能力において、ポジティブな感情がどのような影響を及ぼしているのかについて調べてみた。

感情——「情緒」や「気分」と呼ぶ研究もある——と創造性には何らかの因果関係が存在するという研究は多いが、これらの研究はいずれも、各種条件を慎重に整えたうえで実施された研究室での実験に基づいたものである。

一方、日誌に基づく我々の調査は現実世界を対象としており——感情が創造性に及ぼす影響の測定についてはやや単純なアプローチを用いているが——その結果は、感情と創造性の因果関係はこれまでの実験と同じであることを確認するものとなった。すなわち、ポジティブな感情は高い創造性と、ネガティブな感情は創造性の停滞と、それぞれ結びついていたのである。

調査対象となった二六のプロジェクト・チーム全体を総合してみると、参加者たちがポジティブな感情を報告した日には、創造的なアイデアを生み出す可能性が他の日と比べて五〇パーセント以上も高かった。なお分析に当たっては、参加者が自分の創造性について自己評価した数字を参照せず、日誌のコメントから高い創造性が発揮された日を判断した。

ポジティブな感情がもたらす好影響は翌日以降にも持ち越されるという、驚くべき効果も認められた。調査対象者の気分がポジティブだった日の翌日には創造性が高まる傾向が見られ、その効果は翌々日にもある程度持続している。

この持ち越し効果は事実、対象者の翌日、翌々日の気分にもはっきり表れていた。インフォマップ・チームのマーシャの例に、明らかにこの効果が見て取れる。マーシャの日誌六八件のうち、創造的な思考を示していたものが二〇件あったが、その八割については、その前日のマーシャの気分が概して平均よりも高かった。

創造的な思考が示された日以前でネガティブな感情が見て取れた日について調べてみると、ちょうど鏡に映したように逆の傾向が見られた。それらの日のうち、七五パーセントの割合で怒りの度合いが平均以下に、六五パーセントの割合で不安が平均以下に、また六〇パーセントの割合で悲しみが平均を下回っていた。

次に、職場の状況に関する認識によって、創造性にどのような影響が及ぶのかについて調べた。この点でも、これまでの調査結果を裏づける事例が見つかった。調査対象者たちは、所属する組織の状況をポジティブに認識している時、高い創造性を示したのである。具体的には、組織あるいはリーダーが協力的かつ協調的であり、新しいアイデアを歓迎し、新しいアイデアを公正に評価・育成し、また革新的なビジョンに注力する姿勢を示し、創造的な仕事に報いていると見なされる場合である。逆に、組織内に権力争いや社内競争がある、あるいは新しいアイデアやリスクを避ける雰囲気が漂っていると認識されている場合には、創造性が低くなる傾向が見られた。

我々は最後に、インナー・ワーク・ライフの第三の側面であるモチベーションが創造性に及ぼす影響について分析した。

「創造性の内発的動機づけ原則」と呼ばれる主張があり、過去三〇年間、これを支持する調査報告が多数ある。これは、外部からのプレッシャーや報酬がモチベーションになる場合よりも、興味や楽しさ、満足感、仕事のやりがいそのものがモチベーションになる場合のほうが、人々はより高度な創造性を発揮するという主張である。

この考え方を支持するこれまでの研究報告は、ほとんどが実験に基づくものだが、日誌を用いた我々の調査でも、内発的動機づけが低いと創造性も下がるという、この主張を裏づけるデータが得られた。すなわち調査対象者は、内発的動機づけが高い日ほど、創造的に働くという傾向が見られたのである。さらに、最高水準の創造性が発揮されたプロジェクトでは、チーム・メンバーの日々の内発的動機づけも最高水準にあったことがわかった。

我々の調査でも、創造性以外の要素に目を転じた場合でも、類似の洞察が得られた。すなわち、生産性、仕事への意欲、そして同僚性(具体的にはチームワークへの貢献)といった、これらすべての要素において、気分のよい時には高いパフォーマンスを示し、気分が落ち込むと、パフォーマンスも下がったのである。

また、職場の状況についてポジティブに認識している時は、生産性、意欲、同僚性のいずれも向上している。ポジティブな認識とは、実際の仕事においてチームのリーダーやメンバーたちに支えられている、仕事によって自分の創造性が試されている、しかるべき権限が与えられ、適切な意思決定が期待されている、仕事をやり遂げるために必要な資源と時間が十分に与えられているといったことである。

より広義には、組織の雰囲気が協力的かつオープンであり、政治的な駆け引きや有害な現状維持主義がはびこっていないという認識である。

最終的には、全体にわたって、内発的動機づけのレベルからパフォーマンスのレベルを予期できた。モチベーションが高い時、特に仕事そのものの満足度が高い時は、生産性、意欲、同僚性がいずれも高い傾向にあった。

人々がどれくらい創造的に考えるのか、どれくらい生産性を向上させるのか、どのような意欲を示すのか、どれくらいよき同僚として働けるかについては、明らかにインナー・ワーク・ライフに大きく影響される。そして、インナー・ワーク・ライフを形成する出来事は、上司によって直接あるいは間接的にもたらされる場合が少なくない。

よい上司の行動、悪い上司の行動

組織で働く人たちに「インナー・ワーク・ライフに最も大きく影響する上司の行動は何か」と尋ねると、人間関係に関することを挙げる人が多い。たとえば、部下をほめる・ほめない、部下と同じ立場で協力的に働く・働かない、職場を楽しくくつろいだ雰囲気にする・しない、精神面でも支援する・しないといったことである。このような行動は事実、人々の認識、感情、モチベーションに大きな影響を及ぼす。ビッグディール・チームに起こった変化を思い出してみてほしい。

しかし、興味深いことに、我々の研究では、上司の行動として最も重要なのは、日頃から部下の肩を叩いてほめたり励ましたり、また職場を楽しい雰囲気にしたりしても、あまり意味がないことがわかった。いちばん大切なのは次の二つである。すなわち、仕事を進捗させること、そして人間として尊重することである。

仕事を進捗させる

調査対象者が最も素晴らしいと感じた日、すなわち最も嬉しかった日、最高の職場と認識できた日、内発的動機づけが高い日などと、最低と感じた日を比較してみたところ、これら二つを区別する要因の最たるものは、仕事がはかどったと感じられたか否かにあることがわかった。

目標を達成した時、一仕事を終えた時、何か問題を解決した時など、非常に大きな喜びが感じられたり、時には強い高揚感が生まれたりする。目標に向かって一歩進んだだけでも、同様の反応を示す場合があった。

プロジェクトには、大なり小なり何かを達成することが明らかに重要な場合がある。たとえば、インフォマップ・チームのソフトウエア技術者で、重要なプログラムの書き換え作業を担当したルイーズの場合、ある問題を解決し、ゴールが見えてきた時、次のように書いている。

「なぜうまくいかなかったのかがわかった。自分にとっては大事なことだったので、ほっとしたし、たまらなく嬉しくなった。書き換えはこれで九割がた終わったわ」

彼女はまた、その数週間後、別のプログラミングの仕事で重要な段階をクリアした時、次のように書いている。

「やった。このプロジェクトでいちばんやっかいだったところが片づいたみたい。ユーザーに知らせたら喜んでくれるはず」

一方、わずかな進捗でもポジティブな気分につながる場合がある。たとえば、同じくインフォマップ・チームのプログラマーのトムは、「ほとんど一週間ずっと悩みの種だったバグをやっとやっつけた。大したことじゃないけど、自分としては、うっとうしいことだったから、いまはとてもすっきりした」と日誌につづっている。やらなければならないことが終わって気分爽快になるのは、だれでも同じである。

当然予想されるとおり、仕事がはかどらなければ、逆の効果が生まれる。日誌を分析しても、最悪の日、たとえばがっかりした日、悲しかった日、不安だった日などは、仕事が思いどおりに進まなかった日であることが多い。ここでも、事の大小はあまり関係ない。一見ささいなつまずきでも、インナー・ワーク・ライフに大きな影響を及ぼす場合がある。

トムは四月一九日、自分の仕事がはかどらなかったため、憂鬱な気分になり、次のように書いている。

「今日は特になし。今週はずっと同じことで悩んでいる。インストールと実行のきわめて複雑なプロセスに、ごく単純なコードの変更を加えるだけなんだけど。正直言って、細かい話は聞きたくありませんよね」

ルイーズも四月二二日に、問題を解決できなくてイライラしている様子を、次のように記している。「今日、プログラムを修正したら、シンタックス・エラー（構文エラー）になってしまった。自分で自分に腹が立った」

以上のように、日誌のデータから、仕事の進捗がインナー・ワーク・ライフにおいてかなり重要であることが明らかになった。したがって次の問題は、仕事がはかどるようにするために、上司は何をすればよいかである。

この問いへの答えはいくつか見つかった。たとえば、直接支援する（または妨害する）こと、適切な資源と時間を与える（または間違った資源を与え、無理な期限を課す）こと、成功や失敗に教育的指導をする（または単に評価だけしかしない）ことなどである。最も重要なのは、具体的な目標を設定することである。目指すべき目標と、その仕事が重要である理由をはっきりさせておくと、社員たちの仕事のペースが上がるのだ。

我々の調査では、プロジェクトの目標と各メンバーの作業目標を明確化し、または目標を修正するにしても慎重を期した場合や、その仕事が、チーム、会社、顧客にとってなぜ重要なのか、メンバーたちがきちんと認識している場合のほうが、仕事に大きな進捗が見られた。

逆に、仕事がはかどらないケースでは、目標があいまいでわかりにくかったり、無計画に目標を変更したりという場合が多い。なかには、経営陣が示した目標と矛盾するような仕事を与えられたチームもあった。そのようなチームは、自分たちの努力がどのような成果に結びつくのかがわからず、またそもそも意味があるのかどうか自信が持てないため、自分たちの仕事に意義を見出せないという場合が多かった。

その点、インフォマップ・チームのメンバーは、ビッグディール・プロジェクトに限らず、仕事を進捗させる能力が全般的に高かった。それは主に、プロジェクト・マネジャーでチーム・リーダーの一人であるエレンが、クライアントにニーズと要求を具体的に伝えてくれるよう、しつこく働きかけたからにほかならない。

それでもニーズがなかなかはっきりしない場合もあり、そのような時はスケジュールが遅れがちになった。一例を挙げよう。あるクライアントが、ソフトウエア開発プロジェクトを期限までに終わらせるように強く要求しながらも、完成したプログラムに求める機能については漠然としたイメージしか示さなかった例である。

エレンは数日にわたり、繰り返しクライアントの部門長に連絡し、ソフトウエアの仕様について話し合おうとしたが、そのたびにそっけなくあしらわれた。彼女がこのプロジェクトの担当者に指名したマーシャは四月六日、次のように書いている。

「私が担当しているCRRプロジェクトについて、エレンとヘレンとの三人でミーティングを持った。ユーザーは、まだ仕様書を提示してくれないのに、五月六日の期限を守るようにというメッセージだけ送ってきた。やみくもに作業だけは進めているけど――。ユーザーが、頼んでもいないものを喜んで受け取ってくれることを願うばかり。エレンはクライアントがもっとまじめに取り組んでくれるよう、懸命に働きかけている」

最終的には、エレンがクライアントの部門長から要求仕様書を出してもらい、マーシャがひたすらプログラミングに取り組み、どうにか満足できるかたちで期限どおりにプロジェクトを終わらせた。

とはいえ、仕様が固まるまで、マーシャは憶測に基づくやや当て推量で作業を進めており、したがって本当に進捗していたわけではなく、マーシャは達成感を得られずにいた。対照的にビッグディール・プロジェクトでは、作業完了を責務とするシニア・マネジャーたちが初期段階からエレンと緊密に連絡を図り、プロジェクトの目標とニーズを具体的に伝えるとともに、このプロジェクトが最重要である理由を関係者全員に説明した。技術面では克服すべき問題がいくつもあったが、目標そのものははっきりしていた。それが仕事の進捗を後押ししたのである。

上司の行動が、結果として部下の仕事の進捗を促す、あるいは妨害する場合、部下たちのパフォーマンスに直接的にも間接的にもさまざまな影響が及ぶため、成果に大きな差が生じる可能性がある。

直接的な効果については、説明するまでもないだろう。たとえば、目標が具体的に示されていなければ、仕事の方向性が間違ってしまい、パフォーマンスは低下する。やや間接的な影響として、努力が無為に終わるむなしさが社員たちのインナー・ワーク・ライフを暗転させ、モチベーションの低下を招き、指示にしかるべき根拠がないように思われれば、何を指示されても意欲が湧いてこないといったことが挙げられる。

さらに別の影響も考えられる。上司の行動が部下の仕事の足を引っ張れば、それは強いメッセージになる。つまり部下たちは「上司が、我々の仕事を手伝わないのはなぜか」と考え、自分なりの結論を引き出す。たとえば、「この仕事は大して重要ではないのだ」「うちの上司はわざとじゃましている」、あるいは「うちの上司は救いがたいほど無能だ」などと思ってしまうかもしれない。

人間味のあるマネジメント

部下たちの仕事の進捗の一助となる行動が、上司にとって重要であることを強調したが、だからといって、すでに述べたような人間関係にまつわる要素を軽視してよいわけではない。これは、部下たちを人間として尊重しているか否かに関わる問題であり、日誌では、最高の日と最低の日を区別する最たるものではなかったとはいえ、僅差で次点となっている要因である。

我々は、人間関係にまつわる要素が仕事の進捗にまつわる要素と相まって、何らかの影響を及ぼしている様子をたくさん見てきた。実際に仕事が進んでいない場合、あるいは少なくとも大幅な進捗が見られない場合、いくら部下をほめても、彼ら彼女らのインナー・ワーク・ライフにほとんど好影響を与えられないばかりか、かえって冷笑的な態度を招いてしまうことがある。

一方、仕事がはかどったのに、それを認めなかったり、ささいなことを非難したりすると、怒りや悲しみの感情が生まれる。インナー・ワーク・ライフにおいて圧倒的に効果があるのは、自分がよい仕事をしたと部下が認識している場合に、上司がそれを正しく評価することなのである。

＊　＊　＊

ピーター・F・ドラッカーはかつて、「マネジメントと呼ばれる活動のかなりの部分は、人々の仕事の足を引っ張る活動が占めている」と説いた。日誌を分析し、インナー・ワーク・ライフに累を及ぼす上司の行動が次々に明らかになるにつれて、我々はこの言葉の真意を噛み締めることになった。しかしその一方で、上司の行動次第では、インナー・ワーク・ライフを向上させうる方法はたくさんあることもわかった。

上司の日々の行動、そして一瞬一瞬の行動が重要なのは、それが仕事を進捗させる、あるいは遅らせるからだけではない。これらの行動が人々のインナー・ワーク・ライフに影響を及ぼし、さらには企業業績へと波及することを見逃すことはできない。

たとえば、建設的に仕事に取り組める状況にない日々が続くと、社員たちは、組織、同僚、上司、仕事、そして自分自身についてネガティブなイメージを形成し、挫折感やみじめな気持ちを抱くようになり、仕事へのモチベーションを失う。そうなれば、短期的にも、また長期的にもパフォーマンスに悪影響が生じるだろう。

逆に、上司が仕事を進めやすくすれば、社員たちのインナー・ワーク・ライフがすべての面で好転し、仕事もはかどる。このような好循環は、社員一人ひとりだけでなく、組織全体にも有益である。

社員一人ひとりにインナー・ワーク・ライフが存在する以上、その影響は不可避である。したがって、インナー・ワーク・ライフの組織パフォーマンスへの影響を理解することは、明らかに価値がある。

また、我々は研究者として、別の面においても新たな進展が見られたと考えている。インナー・ワーク・ライフは、その職場で働いている人たちにすれば、きわめて重要なものである。近年の労働環境の研究によれば、現代の知識労働者は以前と比べて、職場にいる時間が長くなっているだけでなく、職場以外でも仕事のことを考えることが増えている。

すなわち、仕事に関わっている時間が長くなっているわけであり、インナー・ワーク・ライフが生活全体に占める重要性も大きくなっているのだ。

人間には等しく幸福になる権利があり、価値ある存在として尊重されなければならない。そのような認識に立って行動することは、企業にとってメリットがあるだけではない。それは、人間としての価値を尊重することにほかならない。

インナー・ワーク・ライフの調査方法

我々は一〇年前、職場で実際に何が起こっているのかを知るための調査に乗り出した。心理学者という立場から、組織内での生活、具体的には組織で働くプロフェッショナルの日常における内面という、これまで研究されてこなかった領域に興味を抱いたのである。

本調査の目的は、日々の「インナー・ワーク・ライフ」を研究することだった。言い換えれば、インナー・ワーク・ライフとは、職場で起こった出来事に反応し、それを理解するなかで人々が体験する認識、感情、モチベーションであり、また仕事のパフォーマンスへの影響である。

我々の問いは、きわめて基本的なものだった。人々のインナー・ワーク・ライフに影響を及ぼすものは何か。一日の出来事によって、また組織の状況によってインナー・ワーク・ライフが形成される時、そこに何か予測しうる要因はあるだろうか。インナー・ワーク・ライフは仕事のパフォーマンスに影響を及ぼすのか。

これらの問いの核心に迫るには、メンバー一人ひとりに日誌をつけてもらい、そのデータを集めるのが最善の方法であろうと判断した。三年間にわたって、三業界七企業の二六のプロジェクト・チームに属する、二三八人のプロフェッショナルの協力を仰ぐことに成功した。参加者の八割以上が大卒であり、プロジェクトはいずれも、複雑で創造的な仕事が要求されるものだった。したがって、この研究の対象者には「知識労働者」という言葉がまさしく当てはまる。

プロジェクトの全期間中毎日（月曜日から金曜日まで）、これらの対象者に定型の日誌フォーマットをeメールで送り、一日の終わりにそのフォーマットに記入してもらった。

プロジェクトの期間は平均四カ月強だったが、なかには八、九カ月を要するものもあった。送った日誌フォーマットの七五パーセントほどが、記入されて時間どおりに返送され、集まった日誌の件数は一万二〇〇〇件近くに達した。

日誌のフォーマットには数値を尋ねる質問をいくつか入れておいた。職場環境、その日の気分、その日のモチベーションの高低のほか、その日の自分の仕事とチームの仕事など、さまざまな面に関するその日の認識について、数値によって自己評価してもらった。

また、その日に取り組んだ仕事の内容についてリストアップするという自由回答形式の質問も用意した。最も重要な質問もやはり自由回答形式とし、その日の出来事で最も印象に残ったものを簡単に報告してもらった。この質問は、その日に職場で起こった出来事を一つだけ挙げてもらい、それに関する具体的な説明と、だれが関係していたかといった内容で、簡単な説明を求めるものにすぎなかったが、実際の回答はそれだけにとどまらないものが非常に多かった。

回答者は、起きた事柄に関する自分の認識と、それが引き起こしたさまざまな考えについて、時には非常に詳しく説明してくれた。その出来事に関する、自分の感情的な側面を詳細につづってくれたのだ。なかには、その日の自分のモチベーションやパフォーマンスにどのように影響したかまで書いてあるものもあった。

インナー・ワーク・ライフは不断にかつ広範に作用するものであり、またそれは複雑なシステムであるという我々の発見は、こうしたデータに基づくものである。

対象者が日々記入してくれたこれらの物語に基づいて、日誌フォーマットによって収集された数値データのほか、対象者、チーム、プロジェクト、企業に関する他の情報源から得られた数値データを合わせて検討することで、インナー・ワーク・ライフ、それに影響を及ぼすもの、そしてそれがパフォーマンスに与える影響について、我々なりの結論を導き出すことができた。

第４章 Management by Whose Objectives?

MBO失敗の本質

ハーバード・メディカルスクール 名誉教授
ハリー・レビンソン
Harry Levinson

Harry Levinson
ハーバード・メディカルスクール名誉教授。臨床心理学の権威。またレビンソン・インスティテュートの創設者兼名誉会長でもある。

"Management by Whose Objectives?"
Harvard Business Review, July 1970.
初出「MBO失敗の本質」
『DIAMONDハーバード・ビジネス・レビュー』2003年4月号

MBO幻想にはF・W・テイラーの影が見え隠れする

「目標管理」(management by objectives:以下MBO)というコンセプトは、もはやマネジメント・プロセスに欠かせなくなっている。にもかかわらず、マネジャーと部下の間に敵意や恨み、不信感を生み出し、これらがすっかり定着および強化されてしまっている。現在のようなやり方では、MBOとはいっても経営工学に新しい名前をつけて、より高いレベルの役職に適用したものにすぎず、以前と同じ反発を買っている。

MBOの場合、明らかにそのコンセプトと実践との間に深刻な乖離がある。MBOの趣旨は業績評価であると同時に、フレデリック・W・テイラー以来の伝統である、合理的なマネジメント・プロセスのさらなる追求を意味している。つまり、だれが何をやるか、プロセスを管理する実質的な権限はだれが有すべきか、報酬と個人の成果をどのように直接関連づけるかといったことだ。

MBOは本質的に、公正と合理性を高めるプロセスを踏みながら、より慎重に深く業績を予測・判断し、そして個々人が自分自身の目標を設定することで、自らを動機づけることを試みるものだろう。

職務上の義務を明確に規定し、社員自らが定めた目標を基準にその業績を評価しようという趣旨は筋の通ったものだ。部下の業績を正しく評価するために、上司と部下が同じ項目に留意するように配慮することは、実にまっとうなことである。部下が抱えている各業務について合意しておくことなど、まったくもって望ましい。

しかし、テイラー以来の伝統を受け継いだ合理化活動のほとんどと同様に、プロセスとしてのMBOは、マネジメントにおける最も大きな幻想の一つである。なぜなら、モチベーションにおける、より深遠な感情的要素が適切に考慮されていないからだ。

現在ほとんどの組織で導入されているMBOが自滅的であり、単に個人にプレッシャーをかけることにしか役立っていない。本稿では、その理由を明らかにしたい。もっとも、だからといって即座にMBOも業績評価プロセスも否定するつもりはない。

むしろ本稿の趣旨は、「だれの目標なのか」という基本的な問題提起を通じて、どうすればMBOを、マネジメント効果の高い、より建設的な仕組みへと変えられるのかを提案することにある。私が提起する問題は、もっぱら心理学的な考察であり、特にMBOのテクニックの基礎である、モチベーションの前提に関するものである。

MBOプロセスの最大の問題点

MBOは業績評価プロセスと密接に関連しているため、本稿ではこれらを一つの実践プロセスとして併せて考察したい。この実践プロセスの狙いは、次に示すとおりである。

・業績を測定・評価する。
・個人の業績を組織の目標と関連づける。
・やるべき仕事と期待される達成水準の双方を明らかにする。
・部下の能力向上と成長を支援する。
・上司と部下のコミュニケーションを発展させる。
・給与と昇進に関する判断基準を設定する。
・部下のモチベーションを刺激する。
・統制と統合の仕組みをつくる。

最近の考え方によれば、理想的なＭＢＯプロセスは、以下の五段階を経る。

・部下が自分自身の職務内容について、上司と個別にディスカッションする。
・社員の短期的な業績目標を設定する。
・上司とミーティングを行い、社員が目標に向けてどのくらい前進したかを話し合う。
・その前進の度合いを測定するチェックポイントを設定する。

・所定の期間の最後に上司と部下がディスカッションし、部下の努力の成果を評価する。

この一連のプロセスは、上司と部下との間で毎日のように頻繁に接触しながら、給与の見直しとは別途進められるのが理想である。ところが、現実には多くの問題が生じている。

いかに詳細に職務を規定しても、概してスタティックなものばかりであり、結局のところ項目の羅列でしかない。

業務は煩雑化し、その業務に携わる社員に柔軟性が求められるようになるほど、実際にその社員が従事している仕事と、固定的な職務記述書との乖離はさらに広がっていく。すると、社員が社内で昇進し、未知の業務をあれこれ任されるようになると、目標を特定するのがますます困難になり、当人の努力の一部分しか把握できない目標になってしまう。

あらかじめ設定しておいた目標や職務内容では、そこには記されていない、個人の裁量に委ねられる領域をほとんど勘案できない。

つまり、自発的かつ創造的な活動のことである。常識や慣習に縛られない幹部社員であれば、このような活動が多いだろう。また、責任感の強い幹部社員も、その必要性を認めているだろう。サービス社会への移行が進み、業務が規定しにくくなっており、サービスの自発性と責任の自己規定が不可欠となるなかで、このような活動は、よりいっそう求められよう。

ほとんどの職務記述書は、社員がやるべき業務を限定する。

そこでは、ますます高まっているマネジメント業務の相互依存性がきちんと考慮されていない。個人の業績が社会的にも組織的にも影響することについて理解が深まるにつれて、職務記述書にまつわる限界はますます深刻になっている。たとえば他の社員たちの行動が、自分がどれくらい能力を発揮できるのかを左右するようになると、だれもが個人の努力の成果にはなかなか責任を持ちにくくなるだろう。

業績を検証する際の関心事が部下へのカウンセリングにあるとすれば、業績評価では上司と部下が一緒になって、業務プロセス全体を考慮し、これを考察すべきである。

これに加えて、部下の業務とほかの業務の関係も考慮すべきだろう。カウンセリングでは、部下がこのような業務間の関係について干渉できる力を身につけることを支援することが主眼となろう。しかし私の知る限りでは、業績を検証するための協議の場において、このような報告や記録を求めるような規定はなく、また、評価シートにそのような欄が設けられている場合はほとんどない。

目標を設定したり進歩させたりできない。なぜなら、そのための時間が短すぎるばかりか、組織のさまざまなレベルにまたがるような交流が図られていないからである。

これによって、同じ部門や補完的な部門に所属する同僚たちが共同で目標を開発し、できる限り統合を推し進めるような機会が損なわれてしまう。すると、目標設定と業績評価の双方とも、チームワークの醸成、または効果的かつ組織的な自己管理という点で、ほとんど貢献できなくなってしまう。

以上の問題のほかに、上司の側からしても、評価することは難しいことである。ダグラス・マグレガーは業績評価が失敗する主な理由として、他人の価値を判断するという「神のごとき振る舞い」を上司が好まなかったからだと指摘している。(注1)

マグレガーは上司の立場を組立ライン上の製品検査になぞらえ、上司たちの嫌悪感は、非人間的に振る舞うことへの反発であると主張している。彼はこの問題に対処するために、個人が自分自身の目標を設定し、上司と自己評価について協議する場を、カウンセリングの仕組みとして活用すべきだと提言した。そうすれば上司は、人間味のない製品検査装置ではなく、部下が自分自身の目標を達成することを支援する存在になれる。

ちなみに私は、業績評価が失敗する理由を、「神のごとき振る舞い」や人間味のなさへの嫌悪感に帰結させる考え方にはきわめて懐疑的である。私自身の観察から言えば、マネジャーたちは他人を評価する際、それを敵対的で攻撃的な行為、もしくは無意識のうちに相手を傷つけ破壊する行為と感じている。

つまり、業績評価という状況では、強烈で打ちのめされるような罪悪感が引き起こされているのである。だからこそほとんどの幹部社員にとって、部下に向けて建設的な批評を投げかけるのは、きわめて困難なことなのだ。

客観性や定量化は逆効果に終わる

いずれにせよ、目標設定と業績評価プロセスとが複雑になればなるほど、客観性を求める声はよりいっそう強くなる。ただし、これは空しい要求でもある。

あらゆる組織は社会システムであり、対人関係のネットワークである。ある人が、客観的な水準に照らす限り素晴らしい仕事を成し遂げていたにしても、仲間や部下、上司、他部門の同僚から見れば最悪かもしれない。専門的な適性が不足しているために昇進できない人よりも、対人関係上の理由で昇進できない人が多いというのは、きわめて一般的な現実なのだ。

さらに、上司が自分自身の目標を達成しようとする場合、必然的にその部下たちはその上司の努力の一端を担うことになる。したがって、上司とうまく協力し合い、上司が目標を達成するのを支援した部下が高く評価されるのは避けられない。あらゆる評価や目標設定に主観的な要素が強く入ってくることは不可避なのである。

客観性を求めることが空しい理由はもう一つある。測定や定量化に重点が置かれるようになると、仕事のなかであいまいで測定不能な要素が犠牲にされやすいことだ。したがって、業績の質を問う部分は定量化によってこぼれ落ちやすい。

一例を挙げておこう。ここに、高い評価を得ている高品質の製品を製造している工場がある。顧客への配慮やサービスの評判も上々である。この工場がＭＢＯを採用した。用意周到に導入されたＭＢＯプロセスは、個人ごとの目標をはじめ、組織の業績を明確にするうえで大いに役立っている。このＭＢＯは、同社のプロフェッショナル・マネジメントにおいて重要な役割を果たし、称賛に値する成長に貢献した。

しかし同時に、最終的には破滅を迎えるプロセスも始まっていた。これは何とも興味深い。マネジャーたちが懸念を抱き始めたのだ。というのもマネジャーが「なぜこの業務が終わっていないのか」と部下に尋ねると、「それは私の目標ではありません」という言葉が返ってくるようになったからである。顧客サービスが低下していくことにも不満が漏れ始めた。「顧客サービスを改善する」というあいまいな目標を立てたところで、これはほぼ測定不可能である。

そこで、測定可能な副次的な目標が重視されるようになった。たとえば、顧客一人当たりの対応時間や顧客からの電話の処理件数といった数的指標が、業績を判断する手がかりとして用いられた。顧客一人にかける時間が短くなり、顧客からの電話が減るほど、顧客サービス担当マネジャーは自分の目標を達成したことになる。そうして彼はコストを節約し、利益を増大させた。しかしその一方で、ビジネスを殺していた。しかも悪いことに、このマネジャーは自己嫌悪に陥ってしまった。

マネジャーのほとんどは、品質の高さや優れた顧客サービスへの評判が高いからこそ、この企業に入社した人々だった。優れた製品をつくり、これまで同様、顧客からありがたく重んじられる一方、同業他社からうらやましがられていたいと考えていた。

このような高次元の経営が崩壊したことで、マネジャーたちは罪悪感を抱くようになる。自分自身にも会社にも憤りを感じるようになってしまった。もはや「こんなことなら、明らかに品質管理が劣り、サービスにも配慮の欠けるような会社で働いているのと同じではないか」とさえ思うようになる。

人材育成でも同じ問題が生じていた。この場合もまた、測定可能である副次的な目標に比べると、あいまいな目標とならざるをえない。人材育成について質問されると、どのマネジャーも後継者候補として自分より若い社員の名を挙げる。特にその質問が昇進に関わる場合などは顕著である。

しかし実際には、だれも自分より若い社員を徹底的に鍛える時間などなく、またそのために給料をもらっているわけでもない。そもそもこの組織には、マネジャーがほかの人材をどれだけうまく育成したのかを測定する方法がないため、育成に費やす時間も割けないばかりか、それに対する報酬も得られない。

MBOプロセスの欠点

以上述べてきた、目標と評価にまつわるあらゆる問題点からもわかるように、一部の企業がMBOプログラムに抱いている思惑とは裏腹に、MBOはうまく機能していない。その根本的な理由は「相手は人間である」という視点がまったく欠けているからである。いかにこの視点が抜けているかを見るために、典型的なMBOプロセスをたどってみよう。通常、トップ・マネジメントは来たる一年間に向けて全社目標を掲げる。投資利益率、売上高、生産高、成長率そのほか、測定可能な目標となるだろう。

これらの参考指標全体のなかで、各事業部のマネジャーは、全社目標の達成に向けて、自部門がどれだけ貢献するかが問われる。あるいは、全社目標とはあまり関係のない、独自の目標設定を求められるかもしれない。後者の場合でも、とにかく前年より高い目標が期待される。

またその範囲にしても、全社活動の一翼を担う、あるいは具体的な統計数値を改善することに限定されるのが普通である。場合によっては、何らかの研修を受講したり、特定のスキルを獲得したりすることも含まれるかもしれない。

各事業部のマネジャーたちが自部門の目標を設定し、上からの承認が下りれば、これがマネジャーの目標となる。おそらく、マネジャーは自分が達成したい目標に絞るだろう。彼はその目標を公にすることで、この責任を引き受ける。以後マネジャーは、自分の言葉によって縛られた状態になる。

では、このプロセスを詳細にわたって再検討してみよう。この一連のプロセス全体が、短期的であり、しかも自己中心的な志向に基づいた視点を通していて、なおかつその根底には「報酬か懲罰を与える」という心理がある。

典型的なMBOプロセスでは、各事業部のマネジャーを、言わば迷路のなかのネズミとほぼ同じ立場に置く。彼らは二つの選択肢のどちらかしか選べない。ネズミを迷路に置いた実験者は、ネズミがエサという報酬を選択するものと想定している。そう想定できない場合は、ネズミがエサをほしがるように飢えさせる。

MBOがこれと異なる唯一の点は、マネジャーが自分のエサを選べるところにあるが、その範囲も限られている。なぜなら、MBOプロセスでは、マネジャーについて次のことを想定しているからである。

①そのエサを獲得するために一生懸命働く。
②自らが自らに約束することは、心理的なインセンティブとなる。
③それによって、組織への責任を果たす。

公正を期するために言っておけば、ほとんどのマネジャーはたしかに努力している。したがって、迷路に置かれたネズミのように感じる扱いには、当然恨みや不満が増大する。また、目標から除外される職務に注意を払わないことへの罪悪感や、高くなる一方の目標によって、プレッシャーが高まることへの心理的な抵抗も抑えられなくなる。

実際、MBOプロセスからは、次のような疑問の答えは得られない。

・マネジャーの個人的な目標は何か。
・マネジャーは何を必要とし、仕事から何を得たいと考えているのか。
・彼らのニーズやウォンツは、年を追うごとにどのように変化しているか。
・組織の目標、またマネジャーたちがそのなかで担う部分は、彼らのニーズやウォンツといかなる関連性があるのか。

言うまでもなく、個人の根底にある夢や希望、個人的な野心と何の関連性も持たない、強制的に選択された目標は、インセンティブとして大した効力を発揮しない。

例を挙げてみよう。ある営業担当者が、取引自体は少ないものの、顧客とのつながりを苦労して獲得したことへの喜びを味わっているとしよう。これは本人にすれば、とても大切なニーズであった。

しかし、上司が取引を増やすことばかりに気を取られていると、小口顧客よりも大口顧客に集中するよう、彼を促すだろう。もちろん取引量を拡大させる必要があるからだ。そしてこの上司は「どれくらい取引量を増やせるのか」と彼に尋ねる。

大口顧客に取り組み始めると、個人顧客を相手にしっかりとリレーションシップを確立する機会は減り、取次代理店や技術者、およびスタッフ部門の専門職とのつき合いが増えるようになる。そうなると、自分にとってなじみのない知識も要求されることになる。このような業務上の必要性が生じても、しょせん一介の営業担当者にすぎないため、技術面における組織的な支援を仰げない可能性もある。

こうなると、この営業担当者は自分の得意なやり方（これまで自分のニーズをうまく満たしてくれていた）が奪われるだけでなく、新たな要求が加わることで、自分は営業として不適格ではないのかと感じてしまう可能性も否めない。

自分は何パーセントくらい取引量を増やせるのか、その目標数値を掲げるよう強制されたとしよう。目標は達成できるかもしれない。しかし、大きな心理的プレッシャーに悩まされることになる。その時の精神状態についてはだれも気づいてくれないだろう。もちろん手を差し伸べてもくれない。単なる前提条件とすれば、営業目標としては合理的である。したがって、これを受け入れ、その達成に邁進するのみということになる。

取り立てて珍しいことではないが、公式の組織改編が実施された場合、問題はさらに複雑化する。担当地域の変更、配送にまつわる問題の発生、報酬の仕組みの変更など、これらすべてが営業担当者にはどうにもならないものだ。にもかかわらず――多少は考慮されるにせよ――やはり自分の営業目標を達成する責任は変わらない。

ここで挙げた例を、誇張しすぎているとか、不適切だと思われるかもしれないが、私は実際に、仕事で成功を収めているにもかかわらず、辞職しようとしている若い営業マネジャーを知っている。会社が自分のことを単なる目標達成の道具としか見ていないように感じられ、そこで消費されていくのはうんざりだと判断したのだ。このような理由だけのために、大規模な組織に加わることを拒否している若者は少なくない。

私の批判はいささか偏っており、計画や目標設定を組織の下部からスタートさせている組織も多いと主張する人もいるかもしれない。なるほど、社員を迷路に置かれたネズミのような立場に置いているという批判は的を射ていないというわけだ。しかし現実はそうだ。というのも、ほとんどすべての場合、目標として承認されるものは、測定できる業績の向上に関連したものばかりである。

こうなるとやはり、「だれの目標なのか」という疑問が再び浮かび上がってくる。組織の下部の人たちが自分の目標を自ら設定しても、上司から「もっと高い目標を設定できないのか」と詰問されるような状況では、この疑問はますます現実的なものとなる。

あなたはこのように尋ねるかもしれない。「それがどうしたというのです。我々がやっているのはビジネスなのです。社員が働く目的は、ビジネス・ニーズに応えることではないのですか」と。いずれの疑問にも、答えは同じ「まったくそのとおり」である。ただしそれは、物語の一部でしかない。

ニーズやウォンツ、および個人的な野心が最も強い原動力となっており、これらに加えて、自分自身の個人的な目標を達成したいと心底希望している人の場合、MBOもまずはその個人的な目標から出発すべきである。自分の人生において何をしたいのか。何を目指したいのか。どうすれば自分自身に納得できるのか。二度と取り返せない年月を過ごした後に、どのような過去を振り返りたいと思っているのか。これらについて考えるのである。

ここまで読むと、人によっては「それは社員当人の問題である」と言うかもしれない。企業には企業で考えることがあり、社員が自分個人のことよりも、自社のビジネスで働くことに関心を示しているのだと想定しなければならないと。

しかし、このような棲み分けは不可能である。どんな人でも常に、自分自身の心理的なニーズを満たすことを目指して働いている。それ以外の考え方を持っている人、そのような強い内面的な力はうまく無視できる、あるいは、金の魅力の前には無力だと考える人は、自己欺瞞に陥っているといえよう。

個人の目標と組織の目標を一体化させる

組織として取り組むべきことは、まず社員のニーズを理解し、そのうえで社員本人と一緒に組織において組織として成し遂げるべき仕事に従事しながら、どのように個々のニーズを満たすことができるのかについて評価することだ。

個人のニーズと組織における必要性との間に相互補完的な結びつきがあれば、モチベーションが自発的に生じることになり、最も効果が高い。個人と組織の要求は絡み合い、相互に関係し合い、シナジー効果が生まれる。社員と組織のエネルギーが双方を利するかたちで蓄積されていく。

双方のニーズが噛み合わなければ、社員は必要に迫られた仕事を強いられ、すでに設定された目標を達成することに加えて、組織のみならず自分自身とも戦わなければならない。このような場合、上司は「どこへ向かいたいのか」「組織はどこに向かっているのか」、そして「それらがどのくらい乖離しているのか」を部下と一緒に評価する必要がある。

その社員は他社に転職したほうがよいのかもしれない。あるいは組織としても、もっと組織の要求にマッチしたニーズを持つ別の人材を探して、このポジションに配置したほうがよいのかもしれない。

利害が一致するか否かという問題がとりわけ重要なのは、中間世代のシニア・マネジャーの場合である。(注2)中間世代に差しかかるにつれて、個人の価値観は変化することが多い。人は長年にわたって先送りしてきた数多くの夢を、実現しなければならないというプレッシャーをあらためて感じるようになる。このような希望が呼び起こされると、深刻な葛藤を感じ始める。

この時点までに、シニア・マネジャーたちは組織に一身を捧げ、高い地位を得るにふさわしい仕事を十分に果たしてきた。また通常は、もっと高いレベルの責任を担う候補者と目されている。組織はその人物をを厚遇してきたばかりか、上層部もリーダーシップを振るううえで頼りにしている。

これらシニア・マネジャーは若手社員の模範であり、なおかつこれら若手社員たちにも社内でもっと高い地位を目指すよう焚きつける。したがって、組織からの離脱を考えることは、上司も部下も見捨ててしまうということになるのだ。

社内にとどまる限り、このような矛盾をテーマにする術はほとんどない。それゆえ、これらのマネジャーは自分の希望を抑圧するようになる。しかし、内面におけるプレッシャーは高まり続け、最終的には衝動的に爆発し、自分自身と同僚たちを驚かせ、困惑させる場合もある。私はこのような状況に陥ったバイス・プレジデントを三人知っている。

問題は、本人たちが仕事を辞めようと決意することよりも、辞めるに当たって伴うコストである。それぞれが個人的な目標について、早期に上司と話し合っていれば、代替案として社内異動が考えられないかどうか、両者で検討できただろう。仮にふさわしい異動先が見つからなくとも、そのマネジャーと上司は互いの別離について、より早く、よりしこりが残らないかたちで判断を下せたはずである。

そうであれば、組織としても納得できる代替案を考える時間の余裕も確保できただろう。あるいは、そのマネジャーの情熱の低下を補うための措置も講じられたのではないか。その結果、部下のマネジャーたちも会社に「賢明なる利己心」を考慮したという点で人間味を感じてくれるかもしれない。また、経営陣の間に何らかの対立が生じて、そのせいで優れた人材が辞めるはめになったのではないかという、おぞましい想像を巡らせることもないだろう。

まず、マネジャーの個人的な目標に配慮するとはいえ、組織の目標の重要性を最小限に抑えなければならないという意味ではない。組織がＲＯＩや規模、生産性などについて、より高い目標を志向していくことは何も間違ってはいない。

とはいうものの、個人のモチベーションについて思い込みを抱いてしまうこと、さらにはこのような、往々にして疑問の余地のある思い込みに従って、社員へのプレッシャーを強めていく手段を講じることは賢明ではない。これが私の主張である。

たしかに短期に実証できるという統計上のメリットはあるだろうが、長期的なコストはどうなるだろうか。

第一のコストとしては、社員が辞めることだ。さらに、社員が競争意欲を失い、停滞期に入ってしまうという問題もある。はたして、いったいだれかのために個人が消費されるべきなのだろうか。また、個人が大切にしている夢とは無関係な何かのために、個人は犠牲になるべきなのだろうか。

さらにもう一つ、顧客サービスの低下という問題を抱えた先の工場のように、ビジネスの本質が損なわれる場合もありうる。

当初この工場では、対話すら交わされることがなかった。マネジャーたちが何を語り、何を望み、どこに向かおうとしているのか、また新たに導入された、合理的とされる手続きについてどのように感じているのかについて、だれ一人として耳を傾けようとしなかった。経営陣の根底には、無意識のうちにある仮説が宿っていた。「マネジャーたちの能率をもっと上げなければならない。だからMBOが必要である」という仮説である。

企業の上層部は通常、次のような特権は自分たちにのみ与えられたものであると考えている。

・目標を設定する。
・報酬と目標値を提示する。
・社員が組織のために働くようあおり立てる。

このように、社員に対し一方的に報酬や懲罰を与えるという心理が社内から払拭されない限り、ＭＢＯによる評価プロセスはまず失敗する。

若手社員たちにやりがいのある課題を設定することで、かえって問題を深刻化させている組織が実に多い。これは、「経営陣が設定した目標ゆえに、これら若手社員たちはやりがいを感じる」という思い込みがあるせいだ。

離職率が高い場合でさえ、経営陣の耳には「上が一方的に決めた目標なんて気にしていられるか」といった若手社員の声がなかなか入ってこない。すると、いきおい経営陣は「若い連中が働きたがらない」とか「一足飛びに社長になりたがっている」などと腹を立てたり、不満を口にしたりする。

若手社員たちはこんな具合に問いかけている。「私自身や、私の求めることはどうなるのでしょうか」「だれが耳を貸してくれるのでしょうか」「経営陣のみなさんは、私が会社の目標を実現する一方で、私自身が求めることにどのくらい支援してくれるのでしょうか」

このような要因がいかに力を有しているのかを示す調査結果がある。(注3) それによると、個人的な考えや信念を提示する機会として、業績評価の面接に参加する頻度が高まれば高まるほど、部下は次のようなことを感じる可能性が高まるそうだ。

・上司は親切で建設的である。
・業務上、いま抱えている問題の一部が解消された。
・理に適った目標が設定された。

MBOの実効性を高める三条件

ここまで指摘してきたMBOに関する問題のすべてが妥当なものであるならば、その対処法もいろいろと考えられよう。

ここでは、まず検討すべき三つのステップを提案したい。

[ステップ①] モチベーションについて検証する

MBOプログラムのみならず、それに伴う業績評価システムはすべて、次の観点から検証すべきである。

・「社員は駆り立てられ、そそのかされ、操られるお人よしである」という思い込みが潜んでいないか。
・社員と組織との間に、「迷路に置かれたネズミ」とは対照的な、相互に影響し合う真のパートナーシップが育まれるものか。

心理学者でもない限り、このような疑問に答えるのは難しい。しかし、答えの手がかりがないわけではない。その一つは、報酬、特に賞与に関する決定がどのように下されるかという点である。一例を挙げたい。

ある営業担当マネジャーが、営業部員を対象としたインセンティブ制度について、私に意見を求めてきた。営業部員たちはやる気にあふれており、しかもいまは売り手市場だという。

私が「なぜインセンティブ制度が必要なのですか」と尋ねると、そのマネジャーは「彼らにインセンティブを与えるためです」と答えた。しかし、「営業部員たちのモチベーションはすでに高いのですから、インセンティブは必要ないように思えます」と指摘すると、彼は主張の根拠を変えてきた。「会社として成功を分かち合い、営業スタッフたちの帰属意識を損なうことなく、彼らの貢献を認識していることを表明したいのです」と。

そこで私は「では、業績連動給の制度について、彼らに決めさせてみてはどうでしょうか」と提案してみた。マネジャーはこれに驚いてしまった。もし営業部員たちが自らインセンティブ制度を決めるならば、だれがこのマネジャーを必要とするのだろうか。彼の考えでは、営業担当マネジャーの役割とは――営業部員たちがそれを必要とするかどうかにかかわらず――とにかく彼らを駆り立てて前進させることだったのである。

あるプラスチック加工会社では、ミドル・マネジャーを対象にした業績連動型の賞与制度はきわめて不本意な結果に終わった。参加型経営という方針を進めようと決意していた経営幹部たちは、よかれと思って導入したにもかかわらず、うまくいかないことにいらだち、そして多くの人々を巻き込んで新制度の策定に取りかかった。

ここには、人事、経営企画、マーケティング、そのほかの部門の幹部も参加した。そう、事実上あらゆる部門の人間が参加していたが、賞与を受け取るはずのミドル・マネジャーたちが唯一抜けていた。

現在この企業の経営陣たちは、新制度も以前のものと同じように不満足な内容になっていることに困惑し、参加型経営がうまく機能していないことを苦々しく感じている。

もう一つ手がかりとなるのは、会議において何に重点が置かれているのかということだ。部門間競争を促すことに眼目を置く場合もあれば、訓戒や示唆を与えることに大きく傾斜している場合もある。このように方向づけられた会議と、社員たちが問題を告げられ、それに対応する計画を練るための会議とを対比してみてはどうだろう。

［ステップ②］グループを単位とする

ＭＢＯにしても業績評価制度にしても、次のような点が盛り込まれているべきである。

- ・グループによる目標の設定
- ・個人およびグループの業務に関するグループごとの定義
- ・グループによる業績評価
- ・個人のグループへの貢献度に関するグループによる評価（ただし報酬はこの評価に基づいて決定されるわけではない）

そして、グループ目標の達成度という、相対的な成功に基づいて等しく報酬を受け取るものであるべきだ。なお目標には、短期的なものと長期的なものの両方が含まれているべきである。

この理由はいたってシンプルである。マネジャーの仕事はすべて相互に依存しているからだ。実際マネジャーたちは、その上司から課された責任を負っているだけでなく、互いに責任を分かち合っている。

組織の存在理由は、個別に達成できるものよりも大きな成果を共に実現することにある。それなら、なぜ固定的な職務記述書に基づいて個々人の業績のみを強調し、それに応じた報酬を与えるのか。そのようなアプローチでは、誤った自己中心的な目標へと社員を誘導してしまうのが関の山である。

したがって、社員たちと相互補完的な関係にある場合、同じ上司の下に属しているか否かにかかわらず、水平的であると同時に垂直的に設定された目標を制度化し、問題や進展状況を検証する機会を定期的かつ頻繁に設けるべきである。現場における統制および統合を推進しつつ、互いに協力してそれぞれの職務を定義および表現すべきである。

私の考えでは、たとえばマーケティング担当バイス・プレジデントの下で働くマネジャーたち（営業、販売促進、宣伝）のグループでは、まずマーケティング全体の目標を策定し、それから相互に助け合う方法、共通の仕事における能力を相互評価する手法を定義すべきである。

したがって、マネジャーの仕事へのグループ評価は、報酬を決定する手段ではなく、それぞれのマネジャーに建設的なフィードバックを提供する手段であるべきだろう。とはいえ、給与以外に何かしら各自にフリンジ・ベネフィットがあるのなら、その一部はグループの取り組みに基づいた報酬と考えるべきである。

グループ内の協議をはじめ、上司とグループとの協議には、目標を達成するうえでの組織的かつ環境的な障害を含めて検証すべきである。特に大切なのは、目標を達成するために組織やリーダーシップの点から、どのような支援が必要なのかを検証することだ。

その大きな理由の一つは、行動を開始すると、実際には障害など存在しないのに、人間はつい障害があると思い込んでしまう場合が多いからである（「社長は、我々が協力してこの案件を解決することを本当に望んでいるのだろうか」など）。

もう一つの理由は、上層部が目標を設定する場合、その実現を阻む重大な障害に気づいていない場合が多く、そのせいでマネジャーたちがへそを曲げてしまうからである。

たとえば、新入社員を組織になじませるための包括的なオリエンテーションやサポート制度が整備されていない場合に、恵まれないマイノリティ・グループを雇用することとその転職率を抑えることの両方を職位の低いマネジャーに命じて、プレッシャーを与えたところで、当のマネジャーにしてみれば、徒労に終わってしまうだけだろう。

［ステップ③］評価者を評価する

ＭＢＯも業績評価制度も、部下がマネジャーを定期的に評価する制度を伴うべきである。また、その評価はマネジャーの上司によってチェックされるべきである。マネジャーは全員、この部下の評価に基づいて、どれくらい部下を育成したかという点から報奨を受けるものとすべきだろう。

「だれそれの下で働く」という言葉からして、常にマネジャーが何らかの責任から免れられないことが読み取れると同時に、そのマネジャーが何を、いかに実行するかについては、その上司の責任であることがうかがえる。

実際、常識的に考えても、また調査結果から考えても、マネジャーの業績に最も大きな影響を及ぼす外部要因を一つだけ挙げるならば、それは上司である。すなわち、仕事の達成やマネジャーとしての成長という点でカギとなる環境要因は、マネジャーと上司とのリレーションシップなのだ。

したがってマネジャーの目標には、マネジャー個人の目標とその業務上の目標だけでなく、マネジャーとその上司が共有する企業の目標も含まれるべきである。マネジャーと上司は、マネジャー個人の目標と企業の目標との双方に照らして、双方のリレーションシップについて一緒に評価し、これまで共に進めてきたことについて検証し、次の共通のステップにおいてそれが何を意味するのか、協議すべきだ。

しかし、マネジャーが上司の全般的な業績について判断を下せる立場に置かれることは稀である。ただし、自分が仕事をするうえで上司がどれくらい支援してくれたのか、マネジャーとしての進歩や印象を高めるためにどれくらい手助けしてくれたのか、マネジャーにとって上司はどのような問題となっているか、上司はどのような類の支援ができるかといった点について、マネジャーの立場から評価することは十分可能なはずだ。このようなフィードバックはいろいろと役に立つ。

最も重要なのは、これが上司自身のマネジメント能力に関する指針となることである。

また、この評価をさらに上層部が検証することで――この場合、マネジャーの立場が守られているのであれば――これは上司にすれば、自分自身の態度に関する直接的なフィードバックともなる。陰でこそこそと文句を言ったり、PCを用いた面接調査で悪口を叩いたりするよりも、はるかに建設的ではないか。

これらの方法であれば、自己弁護の機会も行動修正の機会もまったく必要ない。プロのカウンセラーならば、最近解雇されたばかりの元経営幹部たちを顧客に抱えているだろう。本人たちはなぜ自分が「上司としてふさわしくない」として解雇されたのか、その理由を理解できていなかった。元経営幹部たちの情報によれば「部下たちは自分のことをとても尊重してくれていた」ということになる。このように、自らの利益を考えるのであれば、上司たる者、部下による評価を望むべきである。

MBOを導入する前に考慮すべき三要素

以上のような組織面における三条件が整っていれば、社員一人ひとりの個人的な目標に配慮しつつ、MBOの導入を検討するのもよかろう。

しかし、部下を単にモノ扱いするならば、いかに彼らが個人的に発案しようと何ら意味がないだろう。また、競合や同僚との競争においてもまったく無関心な場合でも、上司としての信頼など望むべくもない。そもそもこのような状況下において、個人的な心配や心の底からの渇望などを口にするのは愚の骨頂である。

その理由はすでに示唆されているとおり、個々人の目標を設定する際——いかなる企業においても——これらの関心事を第一義とするのはまったく正当である。なぜなら、マネジメントの基本とは「いかに個人の目標と組織の目的を両立させることができるか」という問いに、必然的に集約されなければならないからだ。

もしMBOの趣旨が、社員一人ひとりが自発的に自らを動機づけ、そのやる気を集中させることにあるならば、組織の目標達成に役立ちたいという強い希望を、個人に宿らせるものでなければならない。さもなければ個々人のやる気は、個人の偶発的な希望によるものになってしまうだろう。

したがって、ここから本当の苦難が始まる。部下がその個人的な目標や希望を表明しない場合（我々のほとんどがそうであろう）、上司はどうしてそれを知りえるだろうか。とはいえ、上司が社員の個人的な生活を詮索することはいきすぎではないだろうか。

また、仕事への興味を失いつつあったり、まったく帰属意識を感じていなかったりする人間に、否定的な判断を下さずにいられるだろうか。何も知らずに下していた判断や提供していたチャンスを、それを知った後もいままでどおり、そうできるだろうか。特に中年世代の場合、その個人的な目標が語るに値しない一時的な幻想にすぎなかったケースも少なくないのではないだろうか。心理学の素養に乏しい上司が、そのような個人情報を建設的に取り扱えるのだろうか。むしろ有害無益な結果に終わるのではないだろうか。

これらはきわめて重要な点であり、慎重を期するに値する。私の答えを以下に示すが、これとて単なる手がかり以上のものではない。

①理想自我の理解

生きることは適応を持続させるプロセスである。一個人の目標や希望、野心は絶えず変化し、また経験によって修正が繰り返される。だからこそ、個人的な目標を具体的に特定するのは難しいのである。

とはいうものの、我々はその心の内に何らかのロードマップがあり、将来の「理想的な自分」を思い描いている。心理学者の用語で言えば「理想自我」(ego ideal)であり、個人の価値観や能力、スキル、あるいは望ましい行動について、親やほかの人々が抱いている期待によって形成される。

理想自我は本質的に、ある個人が「自分はこうあるべきである」という考え方である。ある人の理想自我のかなりの部分は無意識下にあり、それが明確に自覚されない理由の一つとなっている。

②部下による自己検証

理想自我を明確に表現できないのが一般的であるとはいえ、十分満足できた経験や刺激を受けた経験について語ることはできる。えも言われぬ感情、きわめて稀な至高の体験についていては具体的に指摘できるわけである。自分が特に大きく満足を感じたものは何か、何が自分を満足させるのかについて語る機会が与えられると、人は自らの理想自我の核心的な要素に触れることになる。

このような体験や将来への希望を語る機会を与えられると、人は自分の生活における中心的なモチベーションについて自ら語り始める。これまでの職歴と各仕事を選択した理由を検証するなかで、これらの選択に共通する文脈を、ひいては自分の人格を形成している力を見出せるようになる。これらの要素が明らかになるにつれて、自分本来の人格と別の選択行動を対比しやすい立場に身を置くようになる。

たとえば、個人として競争できる職業を続けざまに選んできた人がいるとしよう。その人にとって最も刺激的な体験は、敵対する者を打ち負かしたり、問題を独力で克服したりすることだった。どれだけ報酬が高くても、またどのような名称でも、このタイプの個人が補佐的な仕事に刺激を感じる可能性は低い。その理想は「問題を自ら克服する競争力を備えた人間」なのだ。

ここで重要なのは、このような個人の場合、どこかの時点で具体的な目標を表明する必要はないという点である。彼ないし彼女が、自分の仕事との関連において、個人の考え方や感情を継続的かつ明確に検証・再考できれば、個人も組織もハッピーである。このようなプロセスを通じて自身の感情を認識し、組織とのリレーションシップの基礎となるように、ビジネスという文脈のなかでその感情を披瀝することが正当化されていく。

その時上司は、部下の自己評価に耳を傾け、またそれをうまく表現できるように助け船を出すだけで、それ以上に特に何かする必要はない。したがって、このような自己評価プロセスは苦痛にはならない。そこから導き出された情報は、社員の感情（いかに認識があいまいであれ）と個人の目標が、組織の目標とどのように関係しているのかを検証するうえで、社員と上司双方の基準となる。

個人的な希望や野心のなかに、幻想や満足させられない内容が含まれていたとしても、それらを一笑に付すことなく正当に論じ合うことで、相手はそれを自分の人生の現実と引き比べ、より合理的な選択を下せるようになる。

最も安全な組織環境の下でも、すでに述べてきたような理由から、マネジャーが自分の目標を言葉で表現するのは容易ではない。また、マネジャーとしての上司がいかに高い意欲に突き動かされていても、インタビュー・スキルに長けているとは限らない可能性が高い。これら二つの事実からは、部下の個人的な目標を確認しようと努力しても徒労に終わるかに思われる。しかし、私はそうは思わない。

ここで重要なことは、具体的な内容が明らかになるかどうかではない。上司と部下の関係においては、互いの感情を安心して忖度できるように、相手に配慮することが起点になっていることこそ重要なのである。このような環境下では、ほかの場合ではありえないほど、部下と上司の双方が、社員と組織と適合性を強化していく可能性が高い。

③上司の自省

社員と組織の間に建設的な関係性を確立するには、上司が自省する必要もある。若手マネジャーを育成してきたことを誇りとしている上司が、その若手マネジャーが新天地へ移ろうとしていると知ったとしよう。その上司は、どうして怒りや失望という感情を抱かないでおられようか。昇進や昇給を答申する時期であったとしても、直面する矛盾に冷静に対応できるだろうか。

怒りや失望を感じるのはやむをえない。この場合、至極当然なことだろう。その際、部下に批判的な態度を取ることなしに、単にその失望感を表明することもできる。しかしそれでも怒りが収まらないとすれば、なぜ他人が独立を宣言することが、これほどまでに自分をいらだたせるのかを、自問自答する必要がある。なお、昇進や昇給といった問題については、以前と同じように現実的な前提に基づいて進められるべきである。

もちろんここまで来たら、昇進や昇給に伴って新たに発生する責務を本人が望んでいるか、またその責務をしかるべく果たせるのかどうか、一個人として、当人の感情を踏まえて検討することが妥当である。

もし当人がそう望んでおり、また責務を果たせると考えられるのであれば、さらなる決意の下、この新たな任務に取り組む可能性が高い。もはや職業選択にまつわる矛盾は解消され、その選択への後ろめたさも小さくなっているため、自分が選んだ道に邁進していく気持ちがいっそう強くなっている可能性が高い。

また、社員が昇給に見合った業績を達成したのであれば、しかるべき見返りを得られるべきである。昇給を保留することは、すなわちその社員を罰することを意味しており、社員と組織との関係は、報酬か懲罰のどちらかを与えるという次元に戻ってしまうからだ。ビジネスの世界において、このようなプロセスがどこまで倫理的に許されるのかは、組織の環境と幹部社員の責任感によって決まる。組織体質が信頼の構築と維持に基づいていれば、経営陣が弁護士や医師ほどには倫理的ではないという主張の根拠はなくなる。

幹部社員の一人ひとりが、部下とのリレーションシップにおいて信頼たりえないとすれば、いかなる場合でも相手からの尊敬や信用は勝ち取れず、よってMBOプロセスも経営陣から圧力をかける装置として機能するだけとなる。組織体質が貪欲な社内競争や誹謗中傷、不信に満ちていた場合、自発的なモチベーション、人間的なニーズやコミットメントなど、表明する意味すらないだろう。

新しいMBOプロセスが組織を変える

MBOと業績評価プロセスは、型にはまった方法で実行している限り、長期的には確実に失敗する。なぜなら、その根底には報酬か懲罰のどちらかを与えるという心理が存在するからだ。このような心理は、目標を設定するにしてもその選択肢は狭く、ただ個人へのプレッシャーを強める方向を促す。

ただしこのプロセスも、潜在化している心理的な前提を検証し、グループ評価や部下による上司の評価を付随した評価プロセスへ拡大させ、一人ひとりの個人的な目標を最優先に考慮することで十分改善可能である。そのためには、倫理基準と個人の責任を高次元へ引き上げる必要がある。

このような評価プロセスであれば、部下を評価することは敵対的あるいは破壊的な行為であるという上司の感情は薄れてくるだろう。上司と部下が一緒になって部下の個人業績について判断しなければならないことに依然変わりないが、その判断は、継続的に個人のニーズに配慮し、組織と環境の両面における現実を踏まえて再評価するという文脈に沿って下されるようになる。

マネジャーとしても、これまで以上に自由に、また業務上の義務に照らして、我が身を評価するようになるだろう。かつてのように自己弁護に終始する必要もなくなるだろう。それは、組織人としての自分への関心が、組織の目標を達成させることだけではなく、自身の目標を達成させることにも向けられていることがわかるようになるからだ。

水平的および垂直的な目標を設定する際、その評価基準も追加されるため、もはやマネジャーは、組織システムと対峙し、孤立した個人として評価されたり、攻撃されたり、判断されるといった感情にさいなまれなくなる。さらに、アイデアを集める方法も複数整い、上層部へも同じ職位の人間にも影響力を及ぼす手法の種類も増えていくだろう。

ただしこのような状況が訪れても、マネジャーが成果の質的な面に、疑問や懸念を抱く可能性はある。その場合でも、マネジャーやその同僚、上司らは、統計的な数値だけで検討しなければならないという制約を取り払うことで、共にこの問題に対処できるだろう。こうして相互交流が継続的なプロセスとなり、これが固定的な職務記述書に伴う問題を解消し、業績に関するフィードバックや協力への道を次々に開いていてくれる。

このような組織環境の下では、業務間のリレーションシップは、個人的な成果と組織的な成果からなるダイナミックなネットワークへと変貌する。こうなると、けっして偶然ではなく、さまざまな問題が組織の下層部で自発的に解決されるようになる。同時に、上司たちも部下をたらい回ししてきた責任から解放され、悪意に満ちた御用聞きという汚名を返上できよう。

【注】

（1）"An Uneasy Look at Performance Appraisal," *Harvard Business Review*, May-June. 1957, p.89.（*Harvard Business Review Classic*, Sep-Oct. 1972. に再掲載）

（2）"On Being a Middle-Aged Manger," *Harvard Business Review*, July-Aug. 1969, p.51.

（3）Ronald J. Burke and Douglas S. Wilcox, "Characteristics of Effective Employee Per-formance Reviews and Development Inter-views," *Personal Psychology*, Vol. 22, No.3, 1969, p.291.

第5章 Pygmalion in Management

ピグマリオン・マネジメント

元ハーバード・ビジネススクール 教授
J. スターリング・リビングストン
J. Sterling Livingston

J. Sterling Livingston
元ハーバード・ビジネススクール教授。1968年に教育・研修専門のコンサルティング会社、スターリング・インスティテュートを設立。

"Pygmalion in Management"
Harvard Business Review, July 1969.
初出「ピグマリオン・マネジメント」
『DIAMONDハーバード・ビジネス・レビュー』2003年4月号

期待が部下を動かす

イギリスの劇作家ジョージ・バーナード・ショーの戯曲『ピグマリオン』(注1)のなかで、イライザ・ドゥーリトルはこう言う。

「(ドレスの着こなしや話し方など)誰でも習ったり、覚えたりできることは別として、レディと花売り娘との本当の意味での違いは、彼女がどう振る舞うかではなく、どう扱われるかです。ヒギンズ先生の前では、わたしはいつまでたっても花売り娘のままです。なぜなら先生はいつもわたしを花売り娘として扱うし、これから先もずっとそうだからです。でも、あなたの前では、わたしはレディでいられます。あなたはいつもレディとして扱ってくれるし、これからもそうだと思うから」

マネジャーの頭のなかにあるのは、どんな時でも部下の扱いがうまく、部下に優れた成果を上げさせることである。ところが、たいていのマネジャーは、ヒギンズ教授同様、部下の扱い方がまずいため、部下に実力以下の成果しか上げさせられない。

マネジャーがどれくらい部下に期待しているのかによって、部下の扱い方は微妙に変化する。マネジャーの期待が大きければ、その生産性が向上する可能性も高い。逆に期待が小さいと、生産性も低くなりがちである。まるで何らかの法則が働いているかのように、マネジャーの期待に合わせて部下の成績は上下する。

一人の人間の期待が他人の行動に及ぼす影響力の重要性は、かなり以前から医師や行動科学者によって、また最近では教師によって注目されてきた。しかし、マネジャーの期待が、個人や集団の業績を向上させるうえで決定的な意味を持っていることは、あまり広く理解されていなかった。

私はおびただしい数の事例をひも解きながら、この現象について実証的に論じてきた。この事例群は一〇年間にわたって産業界のために準備してきたものでもある。そして、他の科学的研究が積み重ねられた結果、次のような事実が明らかになってきた。

・マネジャーが部下に何を期待し、またどのように扱うかによって、部下の業績と将来の昇進がほとんど決まってしまう。

・優れたマネジャーの特徴とは、「高い業績を達成できる」という期待感を部下に抱かせる能力のことである。

・無能なマネジャーは、このような期待感を植えつけることができず、その結果、部下の生産性も向上しない。

・部下は部下で、自分に期待されていると感じていることしかやらない傾向が強い。

期待が生産性に与える影響

マネジャーの期待が生産性に及ぼす影響について、きわめてわかりやすく説明している記録の一つは、一九六一年に実施された実験の研究リポートである。これは、メトロポリタン生命のロッカウェイ支社長、アルフレッド・オーバーランダーによって実施されたものである。

その観察結果によると、成績が群を抜いて高い代理店は、平均並み、あるいはそれ以下の代理店よりも成長率が大きく、またそのような代理店の新人営業職員は、営業職への適性いかんにかかわらず、平均以下の代理店の新人よりも好成績を収めていた。

そこでオーバーランダーは、最も優秀な新人営業職員たちを集めたチームに編成しようと考えた。業績への向上心を刺激し、新人営業職員を挑戦的な環境に置こうとしたわけである。

かくして、最も優秀な新人営業職員六人が、これまた最も優秀なアシスタント・マネジャーの下に配属された。その一方で、平均的な新人営業職員六人を、同じく平均的なアシスタント・マネジャーの下に配属し、残った実力に劣る営業職員たちは最も能力に乏しいアシスタント・マネジャーの下で働くように命じられた。その際、最優秀グループには、その代理店における前年度の保険成約高の三分の二を達成するように求めた。

その成果について、オーバーランダーは次のように語る。

「このように抜擢した直後から、代理店の連中は、抜擢した最優秀グループのことを『スーパー・スタッフ』と呼ぶようになりました。我々がこのグループを一つの組織単位として活用したので、その団結心はいやがうえにも高まり、このグループの最初の三カ月の営業成績は、きわめて強気にはじいた予想さえはるかに上回ったのです。

これでわかったのですが、しかるべき能力を備えた人間ならば、それを一つのグループにまとめると、普通に考えられる業績達成能力の限界以上にその能力を発揮するのです。なぜなら、業績達成能力の劣った人間のせいで引き起こされる業務上の問題から解放されるからです。

この素晴らしい成果のおかげで、代理店全体の業績は四〇パーセントも向上し、しかもこれが定着しました。一九六二年度からは業務を拡大するため、もう一人アシスタント・マネジャーを増やし、管理業務を担当させました。その時、我々はもう一度同じ方法をやってみることを決めて、部下たちを業績達成能力に応じて再編成しました。

アシスタント・マネジャーたちに仕事を割り当てる際にはその能力相応に、つまり、最も優れたアシスタント・マネジャーには、最優秀のグループを当てがったわけです。それでますます実力が発揮されるようになりました。代理店全体の生産性は、以前にも増して二五〜三五パーセントほど上昇したため、この編成は年度末まで続けられたのです。こうして、一九六三年度を分析したことでわかったのですが、非常に多くの部下たちが五〇万ドル、ないしはそれ以上の売上げを達成する能力を備えるようになっていたということです。ですが、どう見てもこれが無理なスタッフが、全代理店のなかでたった一人いましたけれども」

スーパー・スタッフの生産性は目を見張るほどに向上したが、その半面、最下位グループ（どう見ても五〇万ドルの目標額を達成できそうもない人たち）の生産性は、事実上悪化した。また、そのなかの退職者が増えたことは指摘しておかなければならない。優秀な部下の業績は、マネジャーの期待どおりに向上したが、実力のない者の業績は、予想どおりに悪化したというわけだ。

自己イメージを描き現状を超える

ところが、である。平均的なグループが異例の結果を示した。支社長はこのグループに月並みの業績しか期待していなかったのだが、その生産性が著しく向上したのである。

このような結果になったのは、おそらくこの平均的なグループのアシスタント・マネジャーが、スーパー・スタッフのアシスタント・マネジャーよりも能力が劣っているとか、最優秀グループの営業職員のほうが優れた能力を備えているとかなどとは、どうしても思いたくなかったからだろう。

この平均的なアシスタント・マネジャーは営業職員たちとの打ち合わせの時、「このグループのメンバーはみんなスーパー・スタッフのメンバーよりも優れた潜在能力を持っているんだ。ただ保険営業の経験が不足しているだけなのだ」と力説した。そして、「スーパー・スタッフを打ち負かすことに挑戦してほしい」と発破をかけた。

その結果、どの年も平均的なグループの労働生産性の増加率はスーパー・スタッフのそれよりも上回ったのである。もっとも、売上高は最優秀グループに及ばなかった。

これは特に興味深いことだが、平均的グループのアシスタント・マネジャーには、自分なりの自己イメージがあり、周囲から「平均的」と見なされることを拒否したのである。イライザがレディとしての自己イメージを持っており、他人から花売り娘として扱われることに耐えられなかったのと同じである。

このアシスタント・マネジャーは、自分の能力への強い自信を営業職員たちにも植えつけ、優れた実績を達成できるという相互の期待感を醸成することで生産性を著しく高めたのだった。メトロポリタン生命の別の代理店で実施された類似の実験でも、結果は同様であった。

この点に関して、もっとはっきりした確証を与えてくれるのは、AT&Tの現業部門で働くマネジャー・クラスの社員四九人について調べた研究結果である。
マサチューセッツ工科大学のデイビッド・E・バーリューとダグラス・T・ホールは、これらのマネジャーたちの昇進のスピードについて五年間にわたって調査した。その結果、相対的な昇進スピードについて、昇給額の大きさ、各人の業績と能力に対する会社の評価という尺度で測定した場合、その昇進スピードは各人への期待度の大きさにほぼ比例していることがわかったのである。

第三者の期待が人間の行動に及ぼす影響力は、実は産業界における発見ではない。半世紀以上も昔に、アルバート・モルが臨床実験に基づいて、医学実験の被験者は「だれかに期待されている」と思うと、その期待どおりに行動すると述べている。

モルの観察した事象、つまり「予測が原因となって、その予測どおりのことが実現する」(予測の自己実現)という状況は、最近になって大きな科学的関心の的となった。たとえば、こんな具合である。

ハーバード大学で教育心理学の教授を務めるロバート・ローゼンタールが、一連の科学的実験によって明らかにしたのは「生徒の知的能力に対する教師の期待度の高さは、教育面において生徒たちの『自己実現力』(self-fulfilling prophecy)となることがある」ということであった。

ある年の夏場に実施された、未就学児六〇人のための、早期教育プログラム(Headstart

program）における実験がある。この実験では、次のような二種類の教師によって指導された生徒の成績を比較した。

・生徒に比較的ゆっくりと学習させるように訓練された教師
・生徒が優秀な知力と学習能力を有していると信じ込まされた教師

そして、後者の教師に教えられた生徒のほうが勉強の進捗が速かった。（注2）

また、治療に当たる医療関係者の間では以前から知られていることだが、内科医や精神科医の期待は、患者の精神面に驚くほどの影響力を及ぼす。患者と治療者がどのように考えているかが、治療結果を左右するのだ。ましてや、両者の期待することが一致すればなおさらである。

たとえば、医師の悲観的な予後（の見通し）がどれほど大きな破壊力を発揮するかは、よく知られているところである。またこれも周知のことだが、新薬あるいは新しい治療法の効果も医師の期待いかんによる。すなわち、治療者が「プラセボ（偽薬）効果」と呼んでいる効果が生まれる場合があるからだ。

低い期待も自己実現力の源

営業担当者は、マネジャーから「スーパー営業マン」として扱われると、それにふさわしい行動を実現しようと、自分の知識の範囲で、スーパー営業マンに期待されているとおりのことを試みる。ちょうど、メトロポリタン保険のロッカウェイ支社のスーパー・スタッフたちと同じである。ところが、成績の冴えない営業担当者が、ロッカウェイ支社の下位グループと同じように、マネジャーが「成功の見込みなし」と決めつけた場合、このような否定的な期待も同じくマネジメント上、自己実現力の源泉となる。

しかし、成績の冴えない営業担当者は、自己イメージとプライドを維持することがきわめて難しい。彼らはマネジャーの低い期待度に応えるかのように、いま以上に自我が傷つくことを恐れて、さらに大きな失敗を引き起こしそうな状況をひたすら避けようとする。たとえば、訪問回数を減らす。さらに手痛い拒否に遭いそうな場合には、押しの営業を避ける。またはその両方である。

低い期待度と傷ついた自我のせいで、彼らはますます失敗の確率が高くなることばかりやらかすが、何とかマネジャーの期待に応えようと努めているのである。例を挙げよう。

最近、私は五〇〇以上の支店を抱える、ウエストコースト銀行の支店長クラスの影響力について調査した。すると、焦げつき率が高いために融資の権限を縮小された支店長の場合、だんだんと儲かりそうな融資に消極的になっていってしまう。このような支店長の場合、それ以上権限を失うまいと、確実な融資にしか手を出さなくなっていたのである。

それゆえ、同支店は競合銀行に営業面で後れを取り、これに従って預金残高も利益も減少するというはめに陥っていた。そこで、この支店長は預金残高と利益の減少を挽回すべく、やたらに融資案件を獲得しようと信用できないようなものにまで手を伸ばすという、とても正気の沙汰と思えない行動に走り始めた。

しかしこれら一連の行動は、融資判断力が鈍ったからではなく、これ以上自我が傷つけられたり、キャリアを汚されたりせずに済むかもしれないという一縷の望みから、一か八かの勝負に賭けてみたいという気持ちによって生まれてきたのである。

こうして、この支店長は、融資権限を縮小した上司の期待度の低さに応えるかのように、いっそう大きな信用失墜につながりかねない行動に出てしまった。自分への期待度どおりに行動したにほかならず、まさに上司の期待が自己実現力となったわけである。

沈黙は期待値の低さを伝える

部下への気持ちを押し殺しさえすれば、この低い期待度が起こす悪循環を避けられるわけでもない。なぜなら、マネジャーが「この部下は能力に劣る」と内心感じているとしたら、その低い期待感を隠し通すことは、事実上不可能だからである。

このメッセージは、意図的な行動として表れることはないとしても、無意識のうちに伝わってしまう。概して自分では何も意思表示していないと思っている時こそ、特にそうだ。たとえば、マネジャーがまったく口を利かず、冷淡で、話しづらい様子の場合、部下に不満を感じているか、部下を見込みのない人間であると烙印を押している証拠である。

沈黙は否定的な感情しか伝えない。それは、時には大目玉を食うよりもこたえるものだ。期待を伝えるうえでとりわけ重要なのは、言葉ではなく、むしろ態度である。冷淡で、あいまいな態度からは、期待度の低さしか伝わらず、したがって業績も上がらない。

どうやらマネジャーという人々は、部下に大きな期待を抱いていることを伝えるよりも、期待していないことを伝えることのほうがうまいらしい。ところが、たいていのマネジャーは、自分はまったくその反対であると考えている。実際問題として、自分の否定的な感情をどれくらいはっきりと部下に伝えているのか、マネジャー自身が認識するのはきわめて難しい。再び例を引きたい。

ロッカウェイ支社長は、最下位グループ（支社長はとても優秀なスタッフになる見込みはないと内心考えていた）に「大して期待していない」などと伝えたことは絶対ないと頑なに否定した。

それでも、このようなメッセージが彼らにしっかり伝わっていたのである。この最下位グループから去っていった、ある営業職員のケースがその典型例だ。支社長が当の営業職員に「君が辞めるのは大変残念である」と言ったところ、その男は「それは嘘ですよ。本当は喜んでいるくせに」と答えたのである。

支社長は、それまでこの部下に、何一つものを言ったことはなかった。しかし、そのような冷たい態度こそ、この営業職員に「大して期待していない」という、暗黙のメッセージとなっていた。したがってその部下は、最下位グループに配属された時、それを辞職勧告同然の任命と受け取ったのである。

この支社に属する代理店のマネジャーは、上中下のグループを編成したものの、自分のところには優れた部下など一人もいないと、固く信じていた。「うちのアシスタント・マネジャーと営業職員たちは、揃って月並みか、無能ですよ」と、このマネジャーは、ロッカウェイ支社長に説明した。ロッカウェイ支社のやり方をそっくり真似しようとしたものの、このマネジャーの部下にまつわる雑言は、みんなに知れ渡ってしまった。その結果、この試みは見事に失敗した。

これと反対に、肯定的な感情はあまりはっきりと伝わらないことが多い。以下はその一例である。

ある代理店のマネジャーが、ロッカウェイ支社の組織改編を見習って、最も高く評価した営業職員に最も優秀なアシスタント・マネジャーを、平均的な営業職員には平均的なアシスタント・マネジャーをといった具合でチームを編成した。

ところが、この異動からは何の成果も生じなかった。そこで、ロッカウェイ支社長が事情を調査した。その結果、最優秀チームの責任者に選ばれたアシスタント・マネジャーが、自分の上司であるマネジャーから、最優秀の折り紙をつけられたことに気づいていないことが明らかになった。

実のところ、このアシスタント・マネジャーもその他の営業職員たちも、マネジャーが本当に自分たちの能力に差があると信じているのだろうかと、むしろ疑問視していた。

この代理店のマネジャーは粘着質で無神経かつ無感動な人間で、どちらかといえば部下を路傍の石のごとく扱ってきた。このグループの面々にも、何の期待感も伝えていなかった。みんなはなぜ組織体制が新しくなったのか、その理由がわからず、その狙いすらつかめなかったのだ。

マネジャーが、どのように部下たちを組織化するかではなくて、どのように扱うかが、期待感を高め、生産性を向上させるカギであることは明白であろう。

部下の能力やスキルを超えた期待は逆効果となる

マネジャーの期待が業績の向上となって表れるには、まずその期待に現実性があるという点をクリアしなければならない。前向きな考え方や仲間への信頼感（ほかの目的のためにはこのような態度は有効である）もさることながら、期待が自己実現力として機能するには、これら以上に筋金入りでなければならない。

部下が、上司の期待は現実的で、実現可能なものだと考えないことには、高い生産性の目標を達成させるインセンティブにはなりえない。実現不可能な目標に向かって頑張れと激励されると、最後には部下たちは努力するのを放棄してしまい、達成できるはずの水準よりも低い成果に甘んじてしまうことになる。

ある大手電機メーカーでの経験がこの事実を物語っている。同社では、生産ノルマの設定が高すぎたため、実際には生産量が低下してしまった。この場合、労働者たちはただ何となくノルマに応じようとしなくなっただけである。つまり、多くのマネジャーが支持している「ロバの鼻先の届かないところにニンジンをぶら下げる」やり方は、モチベーションを促す工夫として優れているとは言い難いのだ。

ハーバード大学のデイビッド・C・マクレランドとミシガン大学のジョン・W・アトキ

ンソンによる科学的研究によれば、期待とモチベーションの関係は釣り鐘状の曲線を描くという[注3]。

モチベーションと努力の度合いは、成功する見込みが五〇パーセントに達するまでは上昇を続け、それを過ぎると下降し始める。成功の見込みはますます高まっていくにもかかわらず。目標が事実上確実に達成できるか、あるいはまったく不可能と見なされた場合、いかなるモチベーションにも反応しない。

さらにまた、バーリューとホールが指摘したように、部下は自分自身が求める水準に近い業績目標を達成することに失敗すると、「個人的な達成目標や水準を自ら引き下げ、すると業績は悪化し始め、やがて課せられた活動や作業に否定的な態度を示すようになる」のである[注4]。

当然といえば当然だが、マネジャーが与えた実現性に乏しい高水準の期待に応えようとして部下が失敗した場合、高い離職率となって表れる。退職は自発的な場合もあれば、不本意ながらの場合もある。

自分の能力への自信が期待を裏づける

優秀なマネジャーの頭のなかには、実力に乏しい者にはとうてい思いもつかないアイデアが浮かぶものだ。優れたマネジャーは、部下への業績目標を常に高く設定できるが、無能なマネジャーにはそれができない。この違いをどう説明すればよいのだろうか。

その回答の一つは、有能なマネジャーは自分の部下の才能を伸ばす能力に、他人よりも強い自信を持っているということである。逆に感じられるかもしれないが、優れたマネジャーの高い期待感は、主に自分自身、つまり部下を選抜し、訓練し、動機づける自分の能力をどのように思っているかによるのである。

部下たちをどのような点で信頼し、何に期待し、どのように教育訓練すればよいのかといった問題は、マネジャーが抱いている自信の程度によって微妙に影響される。マネジャーが部下たちを教育し、高い業績に向かわせる能力に自信があれば、部下たちに多くを期待するとともに、その期待に必ず応えてくれるという信頼感によって、部下を扱うことができるようになる。

ところが、マネジャーが部下を激励する能力に自信を持てない場合、部下に多くを期待しないばかりか、それほど信頼して部下と接することもない。

表現を換えれば、優秀なマネジャーには、輝かしい経歴と自分の能力への確信があるため、何のためらいもなく部下たちに高い期待を寄せることができる。したがって、部下たちも上司の期待を現実的なものとして受け入れ、それに応えようと努力する。

マネジャーが訓練とモチベーションの能力に自信を持つことの重要性は、「スウィーニーの奇跡」にうまく表現されている。これこそまさに、マネジメントと教育における自己実現力であると言ってよい。

ジェームズ・スウィーニーは、チューレーン大学で生産管理と精神医学の教鞭を執るかたわら、近くの生体臨床医学コンピュータ・センターの業務責任者でもあった。スウィーニーは、どんなに教育程度の低い人間でも、優秀なコンピュータ・オペレーターに育成できると信じていた。

その時、病院の運搬夫をやっていたジョージ・ジョンソンという男がコンピュータ・センターの守衛として雇われた。スウィーニーは自分の信念を立証するために、この男に白羽の矢を立てた。ジョンソンは、午前中は守衛の仕事をし、午後はスウィーニーからコンピュータの手ほどきを受けた。

ジョンソンは必死になって勉強していたが、あるとき大学関係者の一人が、コンピュータ・オペレーターになるには、ある程度の知能指数が必要であると結論した。ジョンソンはさっそく検査を受けることになったが、その知能指数たるやタイプを習うにも足りないほどで、コンピュータの操作などはもってのほかという結果だった。

しかし、スウィーニーは納得しなかった。そして、ジョンソンにプログラムを教え、彼にコンピュータを操作させることが許されなければ辞めると言って脅かした。

結局はその言い分が通って、スウィーニーはいまでも同コンピュータ・センターを統括している。そして、いまやジョンソンはメイン・コンピュータ室の責任者であり、同時に新入社員にプログラムとコンピュータ操作を教える責任者でもある。(注5)

スウィーニーの期待は、自分自身の教育能力への自信に基づいており、ジョンソンの就学許可証など、どうでもよかったのである。マネジャーが部下を訓練し、動機づける能力を深く信ずることこそ、現実的で高水準の期待を築く土台なのである。

「鉄は熱いうちに打て」

マネジャーの期待は、特に若者には魔法のような大きな影響を及ぼす。しかし、その部下たちが成長し、経験を重ねていくに従って、その自己イメージは硬直化し始め、自分自身を履歴書に書かれたような人間として自らを見るようになる。

上司の期待のみならず自分自身の望みも、次第に過去の実績という現実によってがんじがらめになる。そして、よほど素晴らしい実績を残していない限り、自分も上司も相互に高い期待感を抱くことが難しくなってくる。

これと同じパターンが学校教育でも見られる。ローゼンタールが実施した、教育における自己実現力に関する実験結果に一貫して示されているのは、教師の期待が知的な成長を促すのは、年長児よりも年少児において著しいということである。低学年、特に一年生や二年生の場合、教師の期待が及ぼす影響は驚くばかりである。高学年になると、教師の期待は児童の知的成長にさしたる影響力を及ぼさない。児童の動機づけや校内の態度に影響するだけである。

教師の期待が次第にその影響が低下していく原因は完全に解明されていないが、まず間違いなくいえるのは、幼い子どもほど適応性が高く、自分の能力について固定観念にとらわれることも少なく、学校での評判もまだ固まっていないことである。

高学年になるに従って、それも特に最近の公立学校でよく行われている、成績に応じて「能力別編成クラス」に振り分けられる場合、自分の知的能力への自信や教師からの期待は硬化し始め、だんだんと他者からの影響を受けつけなくなる。

企業組織の場合には、マネジャーの期待によって大きく影響される新入社員の時代が、その将来の業績と昇進スピードを決定するうえできわめて重要である。

このことは、バーリューとホールのAT&Tでの研究結果によく表れている。彼らが気づいたように、幹部候補生として採用された四九人の大卒社員にとって、その後の業績と昇進度を左右する最重要要因は、会社が本人に最初に何を期待したのかであった。

この二人の研究者の結論によれば、「初年度に会社から期待されたことと〇・七二の相関が見られたが、これは無視できないほど強い関係である[注6]」。

そこで二人は、AT&Tのアウトソーサーから一社選んで、幹部候補生として採用された一八人の大卒者の昇進記録を調べてみた。そして再び、最初の一年目における期待や実績が、後年の業績や成功と密接に相関していることを発見したのである。バーリューとホールは、この研究について次のような言葉で締めくくっている。

「最初の一年間に何か重大なことが起こっている。（中略）この重大な一年目に、会社の高い期待に応えようとすることは、積極的な執務態度や高い目標水準を内面化することにつながる。そして次に、このような態度や水準がまずしかるべき業績や昇進をもたらし、後年になるとその業績や昇進が先の態度や水準を強化する。

さらに言えば、一つのきわめて過重な仕事の挑戦を受けて立つ新人マネジャーには、引き続きいっそう過重な仕事が待ち構えているものである。こうして増大する一方の期待に応えていくにつれて、会社への貢献度も高まっていく。カギは（中略）一年目が重要な学習期だという考え方であり、この時期を逃したら、新入社員を期待する方向に教育したり、あるいは変身させたりすることができない」(注7)

上司の能力こそ最も影響力が大きい

若者は最初のマネジャーから、その生涯において最も大きな影響を受けやすい。今後十二分に発揮すべきスキルを、マネジャーが教育できない、あるいはそのような教育に熱心でない場合、この若者は、やる気はあれども自ら低い目標しか設定できない。自己イメージは損なわれ、ひいては自分の仕事や雇用主に、そして間違いなく昇進に後ろ向き姿勢を形成してしまう。

その結果、雇用主に力量を認められ昇進する機会はみるみる失われ、万一高い望みを抱き、いま以上のチャンスを見つけたいと思っている若者の場合、間違いなく会社を辞める。若者がその能力を惜しみなく発揮するうえで、マネジャーが力を貸してやれると、若者が昇進するための土台を築くことができる。

ウエストコースト銀行の支店長クラスのなかで実務能力に長けていたのは、ほとんど例外なく四〇代や五〇代の経営幹部である。彼らの説明によれば、一人の行員が、知識や経験、与信リスクを正しく処理するのに必要な判断力、顧客との関係、社員との関係などを学ぶのにはかなりの年月がかかるという。

ところが、支店長クラスのなかでも、実務能力（そのなかには、支店の売上成長率、預金残高成長率、管理資産評価点、上司による主観的な順位づけが含まれる）の点で上位一〇パーセント以内に入る一人の支店長は、何と弱冠二七歳だった。

彼は二五歳にして支店長へ昇格し、後二年間で支店の実績を著しく向上させたばかりでなく、自分より若い支店長代理を育て上げた。そして今度は、その支店長代理が二五歳で支店長を命じられた。

この二七歳の支店長は大学在学中の成績は中くらいだったが、入行して四年間に接した二人の支店長が素晴らしく有能な教官だったのである。最初の上司は、若手を育てるその独特の手腕について行内で知らぬ者はいない人物だった。その上司は、実力のある銀行家となるために必要な知識や技能を習得するのに長い年月がかかるなどとは、毛頭信じていなかったのである。

その二年後、彼は支店長代理として、別の幹部社員を長とする支店に配属されたが、この人物もまた部下を養成する力量に長けていた。こうして彼が昇進によって他支店のマネジャーを命じられた時、二人の前上司のやり方を忠実に守って支店を経営し、たちまち素晴らしい実績を上げるとともに、アシスタントを（自分が受けたのと同じように）教育して、若くても大きな責任が任せられるように育て上げたのだった。

最初の上司が果たす役割の重要さについて実証するため、その目を営業に転じてみよう。何といってもこの分野は、他のマネジメント分野よりも成果を測定しやすいからである。そこで、次のような調査結果を検討してみることにする。

ここに一〇〇人の保険外交員のキャリアに関する調査があるが、それぞれが、きわめて優秀な代理店マネジャーと無能な代理店マネジャーの下で働き始めた。

ここから生命保険代理店管理協会が気づいたのは、営業適性検査の点数が中くらいの人は、実績の優れたマネジャーにつけば、実績に劣るマネジャーについた場合のおよそ五倍高い成績を達成できるということだった。ところが、外交員としての適性がきわめて高い人の場合、上司となるマネジャーが優秀であろうと無能であろうと、二倍程度しか業績は高まらないことが判明したのだ。(注8)

メトロポリタン生命は、一九六〇年になって、新しい営業職員の生産性に格差が生じる原因として考えられるのは唯一、配属された支社のマネジャーに能力格差があるためであるという結論に達した。

営業適性検査の成績が生産性の面で高かった外交員は、必ずといってよいほど売上げが上位三分の一に入る支社に配属されていた。その反対に、適性検査の成績が芳しくなかった外交員は、成績の悪い支社に配属されていた。このような違いを説明できそうな要因についてすべて分析した後、新人の業績に生じた格差は、ひとえに代理店マネジャーの「外交員の訓練と指導力」の格差によるものであると、会社は結論づけたのである。(注9)

フォード・モーターのニューイングランド州内のディーラーを対象に、私が営業担当者の業績について研究したところ、優秀な営業担当者は、明らかに二、三の大手ディーラーに集中していた。

たとえば、ニューイングランド州で折り紙つきの営業担当者一五人のうち一〇人は、この地域を担当するディーラー三社（全部でおよそ二〇〇社ある）に所属しており、残る五人は、特に有力なディーラーに所属していた。

ところが、この一五人中の四人は、以前に他のディーラーで働いていたが、その当時は目立った営業実績を上げていなかった。この場合、現在勤務しているディーラーが成績に優れたディーラーであり、そこのマネジャーが訓練とモチベーションのスキルを有していたことが、優秀な業績の重要な要因であったのは疑いの余地がない。

優秀な若手社員の不幸

ビジネスで成功を収めるには、時として、くじ運がよくなければならないように見えるが、若手社員が優れたマネジャーに抜擢される場合など、運だけでは済まされない何かがあるようだ。成功するマネジャーは、部下をでたらめに、たとえばコインの裏表で選ぶようなことはしない。それどころか、「彼は成功間違いなし」とわかっている人間だけを慎重に選ぶ。

オーバーランダーが力説したように、「我々と一緒に働こうという人は、みんな一流の営業担当者の可能性を秘めた人ばかりです。でなければ、我々が『一緒にやろう』と誘いをかけたりしなかったはずです」。

なぜ「あの人はできる人間だ」とわかるのか説明してほしいと迫られると、優秀なマネジャーはたいていこんな具合に対応する。「優秀か無能かなんてかたちには表せないが、人は一目見ればわかるものさ」

その選択プロセスは、きちんと説明できないほど直感的なもので、うまく表現できない人間関係における知恵に基づいている。手がかりになると思われるのは、マネジャーが「彼となら一緒にやっていけるだろう」と思わせる部下、言い換えれば、気が合う、あるいは肌の合う部下はどんなタイプなのか、はっきり知っているということだ。

もちろん、時には間違えることはある。しかしその場合でも、拙速に見切りをつけたりはしない。なぜなら、それは自分自身に――部下を選択し、訓練し、やる気を起こさせる自分の判断力と能力に――見切りをつけることに等しいからである。一方、能力に乏しいマネジャーは、あわてて部下を抜擢したり、簡単に見捨てたりするが、その被害を受けるのは部下であり、自分自身ではないと思い込んでいるからなのだ。

自社についての調査研究の結果から、「入社当初に会社が（実際にその責任を負えるような）業績を期待することが、その後の期待感と行動を形成する」ことに気づいて以来、AT&Tの大卒採用担当ディレクターのR・W・ウォルターズ・ジュニアは、次のようなことを主張している。「大卒の新入社員を最初に配属させる先の上司は、社内でいちばん優秀な人物でなければならない」(注10)

しかし残念ながら、たいていの会社が正反対のことをやっている。新卒者が、ベテランのミドル・マネジャーやさらに職位が高い経営幹部の側で思う存分働ける機会はめったにない。一般的に新卒者の上にいるのは、どちらかといえば、まだ経験が浅く、社内ではまったく力のないライン・マネジャーである。

概してライン・マネジャーは、より高次元の責任をまっとうできる能力はないと判断された叩き上げか、ビジネスからマネジメントへと移行中の比較的若い社員である。このようなライン・マネジャーは、部下の生産能力を育てていくのに必要な知識とスキルに欠けている場合が多い。

その結果、大卒者の大半はその第一歩から最悪の状況下で働くことになる。新入社員は、自分の才能を伸ばしてもらえない、また活用されないことに気づき、やがては仕事や雇用主、ひいては自分の昇進に後ろ向きの姿勢を示すようになる。

トップ・マネジメントの多くがいまだ問題の本質を究明できていないが、産業界で最大の難問とは次のことだろう。最も価値の高い資源、すなわち若手社員やプロフェッショナルな才能を育成・活用することが遅れていること、またそれを管理・利用する能力がマネジャーたちに不足していることである。

ライン・マネジャーの底上げが急務

経営者が直面している問題において特筆すべきは、若手のマネジャーやプロフェッショナルの間で離職率が急増していることである。

大学卒業後の一～五年くらいを経たマネジャーでは、その退職者数が一〇年前の約二倍、二〇年前の五倍に達している。一九六八年秋の『フォーチュン』誌の調査によると、その調査企業五社のうち三社が、若手のマネジャーやプロフェッショナルの間で、離職率が五年前より増えたという。(注11)

高水準の経済活動、そして熟練労働力の不足のおかげもあって、職を転々と変えることが容易になっている。とはいえ、離職率が増加している背景には、昇進を望んでいる労働者を十分教育・活用できていないという事情があると個人的には確信している。

この問題が極端なかたちで表れているのは、営業部門に就業する大卒者のケースである。その離職率は異常な高水準を示している。一般事業会社では、三～五年の間に大卒者のおよそ五〇パーセントが辞めていくが、こと営業部門では最初の一年間で四〇パーセントが退職していくことも珍しくない。

これは私見だが、退職者がこんなに数多く発生するのは、ほとんどの場合、大卒新入社員が実力のある営業幹部になるために身につけなければならないことを、ライン・マネジャーたちが教育できないからではないだろうか。

これまでに見てきたように、若手社員は会社生活の第一日目から、お世辞にも有能とはいえない営業担当マネジャーのために働かなければならない。おそらく低い業績しか上げられないだろう。顧客には鼻先であしらわれ、マネジャーからは成功の見込みなしと思われては、そのプライドを維持することが非常に難しいのは当然である。やがてこの若者は、仕事への満足感をあまり感じなくなり、これ以上プライドを傷つける必要はないと、より将来性の高い仕事を求めて去っていく。

それればかりではない。営業職への道を歩み出した人たちの転職率も高く、だれもが幻滅を感じているという話が、大学内にじわじわと伝わっていくにつれて、新卒者はいよいよ営業の仕事から目をそむけるようになる。

実力に欠ける営業のライン・マネジャーから始まった一連の出来事は、大卒者が営業職を嫌うという結果に至る。また、これほどひどくはなくとも、同じパターンが企業の他の職種でも繰り返されている。以上のことは、大卒者が教職や公務員といった、より意義の高い職業生活を求める傾向が強くなっている事実によって裏づけられる。

上司と部下との間に深刻なジェネレーション・ギャップが存在していることも、コミュニケーションがうまくいかない大きな原因の一つとなっている。マネジャーの多くは、大学を卒業したばかりの若手社員が用いる抽象的でアカデミックな言葉をはじめ、極端に合理的な思考法にムッとするものだ。あるマネジャーが私にこんなことを言った。「まったく最近の若い者ときたら、話をするにも辞書がいるんですから」

大学を卒業していないマネジャーたちは特にかりかりすることが多いようだが、これはおそらく、自分に理解できない書物の知識を詰めこんだ、聡明な若者に脅かされるように感じるからだろう。

いかなる理由があるにせよ、ジェネレーション・ギャップのおかげで、多くの企業においてマネジャーの大卒新入社員への期待が損なわれているのは事実だ。たとえば、私はある大企業で実施された管理姿勢に関する調査結果を知っているが、それによると、第一線と第二線のマネジャーの五四パーセントが、大卒新入社員は「五年前と比べてよくない」と信じている。

マネジャーがどれくらい部下に期待するかによって、部下の処遇も変わってくる。新卒者がともすると仕事や雇用主に否定的な態度を示すようになるのも、もっともな話である。マネジャーの期待が小さかったり、反感に満ちた態度を部下に示したところで、新人社員を効果的にマネジメントするうえで何の役にも立たない。これは火を見るより明らかだ。

産業界はまだ、その需要を満たせるだけのスピードで有能なライン・マネジャーを養成できていない。その結果、多くの企業では、最も価値の高い資源、すなわち才能ある人材の開発が立ち遅れている。企業の大半は、重い離職者コストの負担にあえぐ一方、若手社員がとかく抱きがちな昇進への後ろ向きの態度を着々と形成している。

産業界のトップが組織の生産性と若手社員の昇進に関心を抱いているならば、その課題は明らかである。それは部下の業績が向上して、昇進の喜びを味わえるような方向に部下を指導できるマネジャーの養成を急ぐことだ。

マネジャーはその期待と生産性を高めるばかりでなく、部下の仕事や自分自身への態度についてもその影響力を行使する存在である。マネジャーが未熟であると、若手の経歴を台無しにし、プライドを深く傷つけ、人間としての自己イメージまでも歪めてしまう。

ところがマネジャーが有能で、しかも部下に大きな期待をかけている場合、部下の自信は増大する。そのようなマネジャーは、自分で意識している以上に「ピグマリオン」なのである。

【注】

（1）彼の戯曲『ピグマリオン』は、一九三八年にアンソニー・アスクィス監督、ウェンディ・ヒラーとレスリー・ハワードの主演で映画化され、その後はブロードウェイで二七〇〇回を超えるロングラン公演となる。そして一九六四年、レックス・ハリソンがヒギンズ役を、オードリー・ヘップバーンがイライザ役を演じた『マイ・フェア・レディ』としてリメイク上映される。

（2）ロバート・ローゼンタールと早期教育プログラムは Robert Rosenthal and Lenore Jacobson, *Pygmalion in the Classroom*, Holt, Rinehart and Winston, 1968, p.11. に掲載されている。

（3）John W. Atkinson, "Motivational Determinants of Risk-Taking Behavior," *Psychological Review*, Vol.64, No.6, 1957, p.365.

（4）David E. Berlew and Douglas T. Hall, "The Socialization of Managers: Effects of Expectations on Performance," *Administrative Science Quarterly*, Sep. 1966, p.208.

（5）Robert Rosenthal and Lenore Jacobson の前掲書 p.3.

（6）David E. Bartew and Douglas T. Hall の前掲書 p.221.

(7) David E. Berlew and Douglas T. Hall, "Some Determinants of Early Managerial Success," Alfred P. Sloan School of Management Organization Research Program #81-64, (MIT, 1964), p.13.

(8) Robert T. Davis, "Sales Management in the Field," *Havard Business Review,* Jan.-Feb. 1958, p.91.

(9) Alfred A. Oberlander, "The Collective Conscience in Recruiting," address to Life Insurance Agency Management Association annual meeting, Chicago, Illinois, 1963, p.5.

(10) "How to Keep the Go-getters," *Nations Business,* June 1966, p.74.

(11) Robert C. Albrook, "Why Its Harder to Keep Good Executives," *Fortune,* Nov. 1968, p.137.

第6章 Power Is the Great Motivator

モチベーショナル・リーダーの条件

元ハーバード大学 名誉教授
デイビッド C. マクレランド
David C. McClelland

バーナム・ローゼン・グループ パートナー
デイビッド H. バーナム
David H. Burnham

David C. McClelland
元ハーバード大学の心理学の教授。マクバー・アンド・カンパニー（行動科学のコンサルティング・ファーム）の研究所長も務め、ハーバード大学の心理学名誉教授ともなった。1998年3月永眠。

David H. Burnham
戦略コンサルティングとリーダーシップ・トレーニングを提供するバーナム・ローゼン・グループのパートナー。

"Power Is the Great Motivator"
Harvard Business Review, March 1976.
初出「モチベーショナル・リーダーの条件」
『DIAMONDハーバード・ビジネス・レビュー』2003年4月号

優れたマネジャーには権力動機が不可欠

何が、またいかなる動機が、優れたマネジャーを生み出すのだろうか。これは非常に広範囲にわたる問題である。優秀なマネジャーは成功者であると言う人がいるかもしれないが、たいていの研究者やビジネスマンは、成功した中小企業の経営者が何に動機づけられているのか、よくわかっている。

その成功のカギは、心理学者が「達成動機(注1)」と呼んでいるもの、すなわち、いままで以上に優れて、かつ効率的に物事を達成したいという願望である。成功を望む人間にはいかに達成動機が不可欠であるか、これを説明する書物や研究論文は枚挙に暇がない。

では、この達成動機は優れたマネジメントにどのような影響を及ぼすのだろうか。努めて効率的でありたいと強く求める人は、なぜ優秀なマネジャーへと成長するのか、実のところ、その根拠を理論的には説明できない。

心理学者たちが達成動機の動機を定義し、これを測定しているため、だれでも物事を達成したいという欲求を失ってはならないと言わんばかりに聞こえるが、達成動機による行動が、必ずしも優れたマネジメントにつながるとは限らない。

たとえば、達成動機に突き動かされている人の場合には、まず先に自身の進歩を考えるため、何でも自分でやりたがる。そして、自分の成果について具体的なフィードバックを短いサイクルでほしがる。なぜなら、いかに自分が好成績を上げているかをはっきりさせたいからだ。

ただし、とりわけ大規模で複雑な組織のマネジャーの場合、成功に必要な一切合財の仕事を自分の手でやり切れるわけではない。部下たちを動かし、組織のために働かせなければならない。しかも、それぞれの仕事が大勢の人間に分散しているため、マネジャーは各人にタイミングよくフィードバックするといったことなど考えず、てきぱき物事を進めていく意志がなければならない。

マネジャーの仕事は、一人で優れた成績を上げる者よりも、うまく人を動かせる者に向いているようだ。したがって、モチベーションという点からすれば、達成動機よりも権力動機(注2)の強い人がマネジャーとして成功すると期待できる。

とはいえ、優秀なマネジャーには単に権力動機だけでなく、他の資質も備わっているに違いない。そこで本稿では、それらがどのような資質であり、どのように相関しているのかについて考察してみたい。

我々はマネジャーを動機づける要因を測るために、アメリカのさまざまな大企業のマネジャーであり、マネジメントの効果を上げるためのワークショップに参加した人々について調査を試みた（**章末**「ワークショップの進め方」を参照）。

その結果から得た結論は、長を務めるマネジャーは高い権力動機を抱いていなければならないということだった。つまり、人を動かすことに興味を持っている必要があるのだ。

しかしこの権力動機は、マネジャーの権力を拡大するためではなく、組織全体の利益となるよう、自らを律し、コントロールしなければならない。ただし長を務めるマネジャーならば、人に好かれたいという欲求よりも権力への欲求が強くなければならない。

ある営業担当マネジャーに突きつけられた事実

優秀なマネジャーは達成動機よりも権力動機が強いとは、何を意味しているのだろうか。アメリカ大企業の営業担当マネジャーで、今回のワークショップに参加したケン・ブリッグスの例について考えてみよう。彼はその六年ほど前に本社のマネジャーに昇進し、同社の売上げに最大の貢献をしている営業担当者のマネジメントを担当していた。

ワークショップの質問調査表に記入された内容を見ると、ケンが自分に求められている職務を正しく把握していることがうかがえた。すなわち、自分で新たな目標を達成したり、部下と親しく交わったりすることよりも、部下を成功に導くことが自らの職務であると答えていたのだ。

しかし、ワークショップの他の参加者とともに、自身のマネジメントの状況について描写するように求められたところ、彼は無意識に書いたストーリーの中で、実際は部下にはあまり関心を払っていないことをのぞかせてしまった。

ケンの達成動機は非常に高く（一〇〇を最高とする統計において九〇パーセンタイル(注3)以上）、権力動機はきわめて低かった（一五パーセンタイル）。ケンの達成動機が高いのも当然といえば当然である。だからこそ、彼は営業マンとして成功してきたのだ。それゆえ、部下を動機づけることへの関心度は、その職務に不可欠な水準を大きく下回った。

ケンはいささか狼狽したが、測定方法が間違っていて、理想と自分の点数との差は見かけほど大きくないと気を取り直した。しかしやがて、本当にショッキングな事実を突きつけられることになった。ケンの部下たちは、ケンの測定結果によって露呈したことをそのまま認めたのである。

つまり、ケンはマネジャーの資質に欠けており、部下たちはケンのために積極的に働こうという気が起こらない。ケンは部下たちに何の責任も与えず、ほめるどころか批判ばかりで、職場の統率も乱れて混乱し、無秩序になっているという評価だった。このような評価基準のすべてにおいて、ケンの部門は全国基準と比べて、一〇～一五パーセンタイルという低いレベルだった。

ワークショップのリーダーと二人でこの結果について話をしているうちに、ケンはますます狼狽した。しかし最後には、実はこの結果は、彼が懸念しながらも、自分でも他人にも認め難い気持ちを実証していると打ち明けた。かねてから彼は、マネジャーという役割を担いながら惨めな思いにさいなまれていたのだが、いまその理由がわかったのである。

彼は部下を動機づけ、うまく部下をマネジメントすることには気が進まなかったし、実際できなかった。思い返してみると、彼はスタッフを思いどおりに動かそうとするたびに失敗し、ますますうまくいかなくなったように感じていた。

ケンは失点を取り返そうと、非常に高い基準を設定し——この点では彼の部門は九八パーセンタイルであった——たいていの仕事を自分でやろうとしてきたが、それはほとんど不可能に近い状態になっていた。彼が何もかも自分でやってしまい、部下に任せないためにチームの士気は下がっていった。

ケンのケースは、達成動機が強く、権力動機が低い人の典型である。こういうタイプの人は営業マンとして大成功を収める可能性が高いため、その結果マネジャーへと昇進するのだが、皮肉なことにマネジャーには不向きなのだ。

部下のモラールと業績は比例する

達成動機の強さが優秀なマネジャーの条件ではないとすると、どのようなモチベーションがあれば優秀なマネジャーたりえるのだろうか。権力動機が強いことが重要かもしれないというだけでは不十分である。

ケン・ブリッグスよりも優秀なマネジャーがより強い権力動機を持っていて、他の特性においても高い得点になるというれっきとした証拠がなければならない。また、優秀なマネジャーかどうかはどのように決められるのだろうか。

マネジメント効果について、生産、販売、財務、研究、開発といった面から測定しようとしても、現実の世界の業績評価から導くのはなかなか難しい。ケン・ブリッグスの会社の場合、だれが優秀なマネジャーなのかを判定するのに当たって、我々は彼らの上司の評価だけに頼るのは避けたいと考えた。さまざまな理由から、上司が評価した部下の業績は正確といえないからである。

しかし、基準となる測定法がないため、マネジメント効果を測定する次善の指標となるのはマネジャーが職場に醸し出す雰囲気ではないかと考え、それが部下のモラールにどのように反映されているのか、これを探ってみることにした。

もはや自明の理だが、優秀なマネジャーとは、とりわけ部下にエネルギーと責任感をみなぎらせ、成績に応じた報奨を適切に与え、部下が自分のやるべきことを認識できるような秩序ある組織を整えている人のことである。

とりわけマネジャーは、部下たちに強いチーム・スピリットを培い、チームの一員として働くことに誇りを感じさせるようにしなければならない。マネジャーがこのような精神を醸成し、これに努めるならば、部下たちは必ずや業績を高められるだろう。

ケン・ブリッグスの会社において、特に業績を測定しやすい営業部門で、モラールと業績との間に密接な関係があることを示す証拠が得られた。一九七三年四月、一六の販売地域を担当する社員三人ずつに、組織の明確さとチーム・スピリットを評定する質問項目に答えてもらい、その平均点と合計点から、各職場の全体的なモラールを示す得点を得た。

その年で見た各地域における売上高の増減を前年と比較すると、三〇パーセント近く増加した地域から、八パーセント減少した地域までさまざまで、平均すると一四パーセント増であった。**図表1**「モラールと売上高との関係」が示すとおり、同社では少なくとも年初にモラールが高ければ、年間を通じその販

図表1◉モラールと売上高との関係

年度初めのモラールが高ければ高いほど、その年の売上高は高くなる。

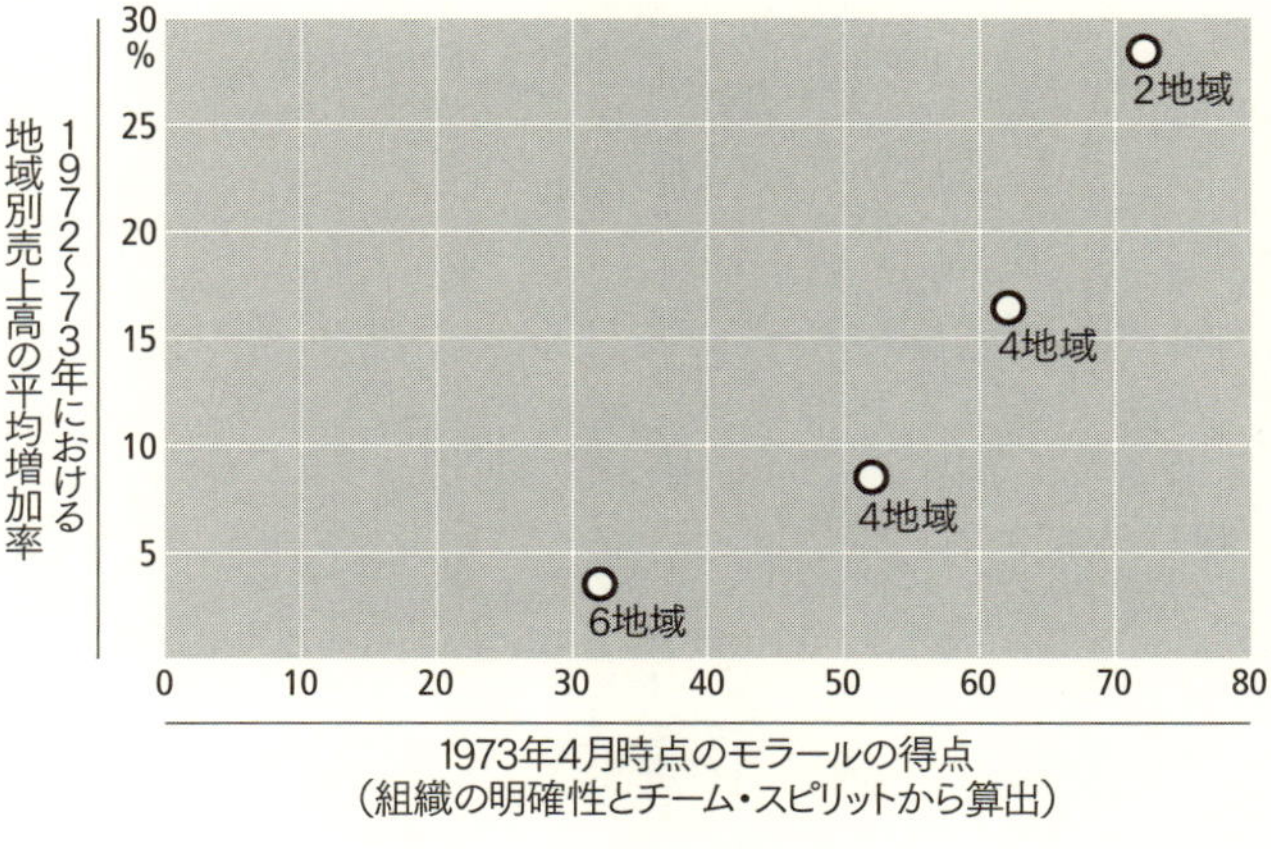

売地域で好成績が見込めることがわかる。

さらに、営業担当者のモラールを高めることができるマネジャーは、他の領域、たとえば生産や設計などの社員のモラールも同様に向上させることができる。そしてそれが全体的な業績の向上につながっていく。では、このように部下のモラールを高めるマネジャーになるには、どのような特性が求められるのだろうか。

「権力動機」の効力

ケンが勤める大企業の全部門のなかから、モラールの高い部門と低い部門のマネジャー五〇余人について、モチベーションに関する得点を調査した。すると、その七〇パーセント以上が普通の人に比べて権力動機が高いという結果が出たのである。

このような結果からも、権力動機がマネジャーにとって重要な要素であることが確認された。なおここで言う権力動機とは、権限を振りかざすことではなく、前向きなインパクトを与え、強い立場から影響力を行使したいという欲求のことである。

部下のモラールから判断して優秀なマネジャーと評価された人々は、権力動機の面でも高得点を示す傾向が見られた。しかし、モラールの高さを決定づける最も重要な要素は、権力動機が達成動機よりどれくらい高いかではなく、権力動機が部下に好かれたいという欲求（これは「親和動機」と言う）よりも高いかどうかによることがわかった。

親和動機よりも権力動機が高い例は、優秀なマネジャーの八〇パーセントに見られた。その一方、能力に劣るマネジャーの場合には一〇パーセントしか見られなかった。しかも、同社のほとんどすべての部門のマネジャーについてこの傾向が当てはまった。

この調査で、製品開発部門と営業部門の優秀なマネジャーの七三パーセントが親和動機よりも権力動機のほうが高かった。これに対して、能力の劣るマネジャーの場合、権力動機のほうが高い人の割合はわずか二二パーセントであった。

これら「親和志向マネジャー」（affiliated manager）は、部下に好かれたいという欲求が最も強いモチベーションとなっている。それにしても、なぜ彼らのマネジメント能力は劣ってしまうのだろうか。

社会学者がかねてから主張しているところによれば、官僚機構が能率的に機能するには、マネジメントする側が規則をあまねく適用しなければならないという。つまり、マネジャーが特定個人の特定の要求を聞き入れるといった例外を許してしまうと、全体のシステムが機能しなくなるのだ。

親和動機が強いマネジャーは、まさにだれとでも良好な関係を保っていたいというタイプのため、例外に走る傾向が強い。たとえば、部下の一人が病気の妻と子どもの世話をするので休暇を取得したいと願い出た時、親和志向マネジャーは、その部下の事情に同情して、ほとんど何も考えずにその願いを聞き入れる。ジェラルド・フォード元大統領は、ウォーターゲート事件で糾弾されたリチャード・ニクソンについて「もう十分に苦しんだ」ということで、彼を赦した。ニクソンの願いと感情に同情したこのフォード元大統領の振る舞いは、まさしく親和志向マネジャーのものである。

社会学の理論と我々の調査結果を総合すると、親和動機が高い人は優秀なマネジャーにはなれないことになる。このタイプのマネジャーは部下にやる気を起こさせることが下手である。なぜなら、本人は気づいていないだろうが、同じ部門の他の部下たちにすれば、この例外が不公平に映りがちだからである。

それはちょうどニクソンを赦して、彼よりウォーターゲート事件への関わりの少なかった人たちを罰するのは不公平だと、多くのアメリカ市民が感じたのと同じである。

これまでの我々の調査結果に、いささか驚かされる面があろう。これだと、優秀なマネジャーは権力を重視して、部下たちの要望にはまったく関心を示さない人間ということになろうか。いやそうではない。というのも、優れたマネジャーの特質として、ほかにも考慮すべきものがあるからだ。たとえば、優れたマネジャーの権力動機は、自分の地位や名誉ではなく、自分が属する組織に向けられている。

もう一つの重要な調査結果がある。それは、マネジャーがストーリーを記述する際に、あれこれ記憶をたどるうちに表出する自己抑制の様子から、その人がどのような種類の権力を求めているかを読み取れることがわかったのである。(注4)

高い権力動機と高い自己抑制のバランスが図られていれば、権力動機の状況を描いたストーリーは自ずと利他的になる。つまり、その主人公は他人のために権力を行使するのである。この点が単なる個人的な権力動機とは大きく異なり、社会化された権力の姿でもある。単なる個人的な権力動機のストーリーの場合、権力をイメージした内容が詰め込まれているとはいえ、そこには抑制や自己規制はまったく見られない。

以前の我々の研究では、このような個人的な権力動機が強い人は衝動的に権力を行使するという証拠が数多く見られた。彼らはしばしば他人に粗暴に振る舞い、大酒を飲んだり、部下を性的に利用しようとしたり、高級車や大きなオフィスビルといった、個人的な威信を示すシンボルを集めたがる。

一方、権力動機も抑制力も強い人は、組織全体に目を向けようとする姿勢が強い。彼らはいろいろな役職に選ばれ、飲酒を慎み、他人のために尽くしたいという願望を持っている。先のワークショップにおいて、優秀なマネジャーが権力動機と抑制力の双方で高い得点を出す傾向が顕著であったのも当然の結果であった。

マネジャーの三タイプ

ここで、これまで考察したデータを参照しながら、説明してきたことをまとめてみたい。我々が調査した優れたマネジャー、「組織志向マネジャー」(institutional manager) と呼ばれる人々は、権力動機が高く、親和動機は低く、抑制力が高い。彼らは組織的な権力に関心を抱いており、それをテコに部下を動機づけ、生産性を高めさせる。

このような組織志向マネジャーを、親和志向マネジャー (権力動機よりも親和動機のほうが高い人) や「個人権力志向マネジャー」(personal-power manager：親和動機より権力動機のほうが高いものの抑制力が低い人) と比較してみよう。

ここに紹介する企業の営業部門には、これら三つのタイプそれぞれに、かなり合致するマネジャーがいた。

図表2「どのマネジャーのマネジメント効果が最も高かったか」は、部下が自分の職場におけるエンパワーメント、組織の明確性、チーム・スピリットをどのように評価しているのかを示している。親和志向マネジャーが上司の部下は、エンパワーメントされておらず、組織の手続きがあいまいだと感じ、自分のチームの仕事にあまり誇りを感じていない。

つまり我々の予想どおり、親和志向マネジャーは理性よりも感情で判断したり、場当たりの決断を下したりすることが多いために、整然とした手順をなし崩しにしていた。

このように手続きが無視されるので、部下は自分の権限は弱く、責任も与えられていないと思うようになり、次にどうなるのか、自分はマネジャーと比べてどのような立場にあるのか、あるいは自分が何をすべきなのかさえ、わからなくなってしまう。同社では、親和志向マネジャーが率いるグループは、モラールの得点が三〇パーセンタイル以下だった。

個人権力志向マネジャーのマネジメント効果は、親和志向マネジャーのそれよりもいく分高い。自部門の人々に責任感を持たせることができることに加え、とりわけ、高いチーム・スピリットをかき立てる。彼らは例えて言うならば、戦車軍団の司令官として隊員から勇猛果敢さを称賛された、ジョージ・パッ

図表2◉どのマネジャーのマネジメント効果が最も高かったか

動機面においてさまざまなプロフィールを持ったマネジャーに対して、その部下たちが、「責任感」「組織の明確性」「チーム・スピリット」について報告した。

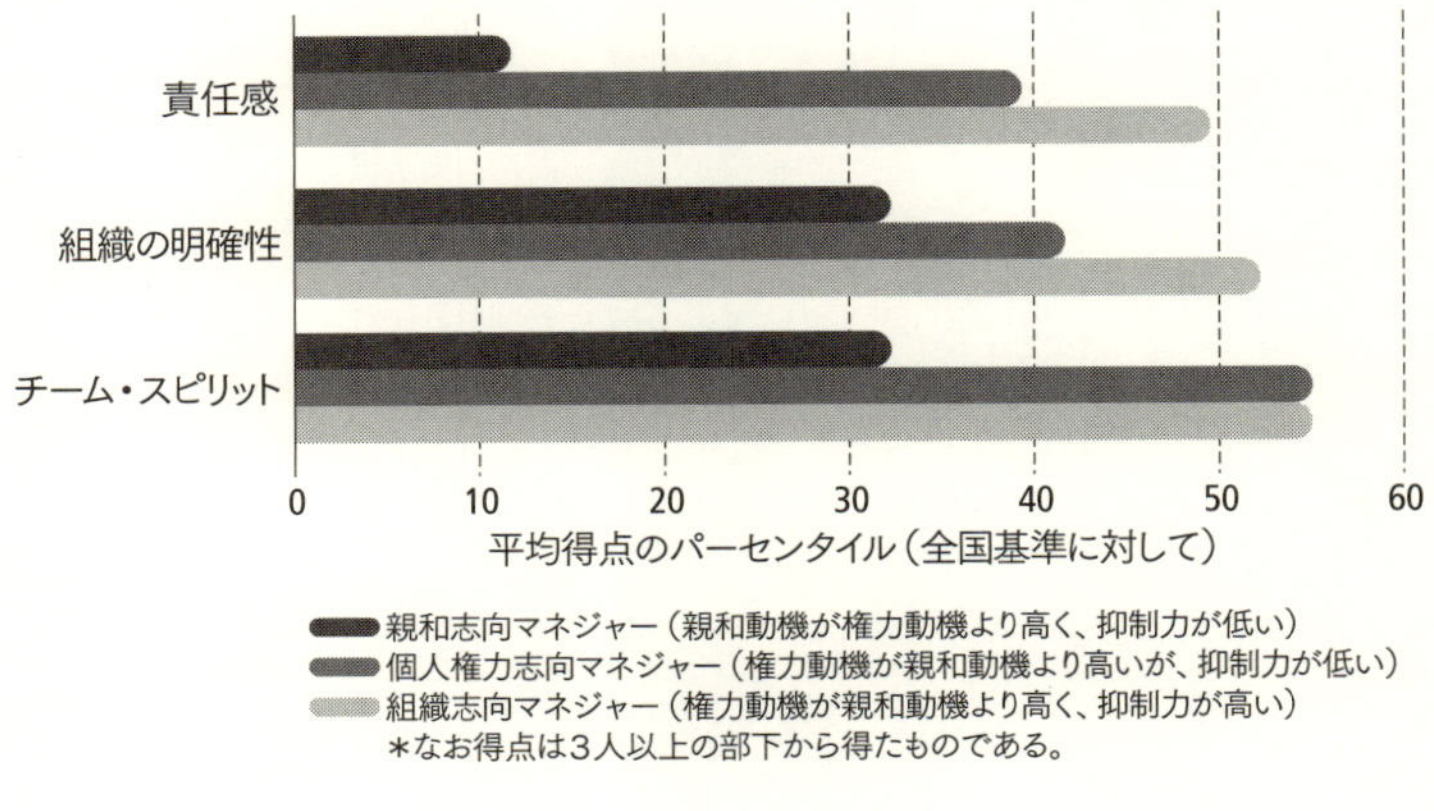

トン将軍のような人物だ。

しかし彼らは、組織の明確性の点で四〇パーセンタイルにすぎず、また組織志向マネジャー――彼らと同じように権力動機が高く、親和動機が低くても、抑制性が高い――と比較すると格段の違いがある。

個人権力志向マネジャーは自制心にやや欠けるために、組織づくりで失敗する。彼らの部下たちは所属部門というよりは、上司個人に尽くそうとする。個人権力志向マネジャーがその職場を去ると、組織はばらばらになる。マネジャーの属人的な力によって喚起されたチーム・スピリットもやがて薄れてしまい、部下たちは何をすべきかがわからなくなる。

これら三つのタイプのなかでは、組織志向マネジャーが最も効率的な職場環境を整えることができる。部下たちも責任感を強く感じるようになる。また、このタイプのマネジャーは明確な組織づくりを目指して、高いチーム・スピリットを醸成するので、部下のモラールも高まる。

このようなマネジャーの場合、当の本人が去った後でも、だれかが即座に代わりを務められる。部下たちは特定の個人に尽くすのではなく、組織のために尽くすように仕向けられているからだ。

権力志向の強いマネジャーのほうが、人情に動かされやすいマネジャーよりも部下にやる気を起こさせることは否定し難いと考えられる。したがって、権力志向は優れたマネジメントの必須条件であると見なさなければならない。

とはいえ、どうやら我々の調査結果は、組織心理学の長年の強い伝統と対立するようだ。伝統的な組織心理学では、権威主義的なマネジメントはアメリカ産業界の悪弊の一つとされてきた。あえて忌憚なく言えば、権威主義の恐ろしさが歪曲されて宣伝され、マネジメントにおける権力の重要性を軽視する風潮ができてしまったと見受けられる。

結局のところ、マネジメントとは影響力を行使し合うゲームである。民主的なマネジメントを唱える人々はこのことを忘れてしまっているようだ。それゆえ、マネジャーは部下たちにこれまで以上の仕事を成し遂げさせるよりも、各人の個人的な要求に配慮すべきだと主張するのである。

しかし我々の調査結果が、この領域における他の行動科学研究者たちの調査と矛盾するように見えるとすれば、その大きな原因は、我々が「動機」の話をしていても、行動科学者たちは「行動」の話をしていることにある。我々がここで言っているのは、マネジャーは影響力を行使し合うゲームを、統制されたアプローチで進めることに関心を払うべきであるということだ。言うまでもなく、権威主義的な行動に訴えるべきとする主張ではない。

それどころか、権力動機の強いマネジャーに仕える部下は、自らを弱いと意識するのではなく強いと信じている場合が多い。本当に権威主義的なマネジャーであるなら、逆の作用をもたらし、むしろ部下たちは自分は弱く権力すらないと感じるようになるはずである。

マネジャーのプロフィールとして重要な要素をもう一つ挙げるなら、それはマネジメント・スタイルである。先に例に挙げた会社では、優れたマネジャー（部下のモラールが高いマネジャー）の六三パーセントが民主的、すなわちコーチング・スタイルのマネジメントの面で高得点を上げていたが、能力に劣るマネジャーのそれは二三パーセントにすぎず、統計的に大きな差異が見られた。

後者のマネジャーは対照的に、権威主義的、すなわち威圧的なマネジメント・スタイルという点で高い得点を上げた。優れたマネジャーは権力動機の得点も高かったため、彼らは民主的に権力を行使しながら行動していると見られ、この点が効果的なマネジメントに結びついているのではないかと考えられる。

動機とマネジメント・スタイルとの相関を知るために、先ほどの会社とは別の会社の営業担当マネジャーを務めるジョージ・プレンティスのケースを考えてみよう。

動機の組み合わせからジョージを見ると、組織志向マネジャーと位置づけることができた。すなわち、権力動機が高く、親和動機が低く、抑制性が強かったのである。その権力を適度にコントロールしながら、秩序を失うことなく、これを行使していた。彼の書いたストーリーにもその点が反映されていた。たとえば、こんな話が書かれている。

「テーブルの周りに座っている人たちは嬉しそうだった。彼らは会社の組織再編計画を終えたところだった。会社はこれまでずっと数々の組織上の問題に悩まされてきた。このグループは、精力的で才気煥発な若手幹部を先頭に立て、新しい職務や責任体制によって構造改革を実行し、会社を完全に立て直したのである」

これは、ジョージ自身が会社からどのように評価されているかについて綴ったものであった。ワークショップが終わり、ほどなく彼は営業すべてを統括するバイス・プレジデントに抜擢された。

しかし、ジョージは同僚の間では怪物だと言われており、ものすごいタフガイで、たとえ祖母であっても自分の行く手をさえぎれば、「その身体の上を跨いでいく」ような男だと思われていた。

動機の組み合わせとしては申し分なく、実際に、個人的な権力よりも組織を拡充することへの関心が強い。しかしマネジメント・スタイルはいただけなかった。経営トップのようなつもりになって、部下たちに「これこれをしなければいけない」と命令し、しかも「やらないとひどい目に遭う」と脅しをかけていたのである。

ワークショップでその権威主義が問題にされた時、ジョージは自らのマネジメント・スタイルが逆効果であることを悟った。実際に、我々の調査とは別のところで、権威主義的なやり方がモラールの低下に結びつくことを知ったのだった。これ以後彼は従来の流儀を改め、当初の得点表では最低の得点しか出せなかったコーチング・スタイルを採用するようになった。

自分の任務は部下に強制的に仕事をさせることではなく、部下が会社のためによりよい仕事をする道を見出す手助けをすることであると、ジョージははっきりと理解したのだ。

組織志向マネジャーのプロフィール

ジョージ・プレンティスが自身のマネジメント・スタイルを容易に変えられたのは、もともと彼が部下をサポートすることを考えていたからだろう。彼のストーリーを見ればわかるように「組織を整えたい」という動機で仕事をする特徴がうかがえる。

組織志向マネジャーの思考や行動をさらに詳しく調査してみると、四つの大きな特徴を備えていることがわかった。

①組織中心に物事を考える。すなわち、多くの組織に加わって、それらの組織を築き上げることが自分に課された責任であると感じる傾向がある。また、権力を集中させることが重要だと考えている。

②「仕事が好きである」と記述している者が多い。この調査結果は興味をそそる。というのは、達成動機に強く駆られたマネジャーに関する我々の調査を見た評論家の間から、達成動機は「プロテスタンティズムの倫理」（労働への献身、労働成果の向上を強

調する考え方）を促すに違いないという論議が出てきたからである。しかし実際はまったく正反対だ。

達成動機の高い人は、より効率的に働き、その労働量を減らしたがる。より少ない時間とより少ない努力で同じ結果を出したいのだ。とは言うものの、組織志向マネジャーは実際には労働の規律を好むようだ。労働の規律は、秩序の下で物事を成し遂げたいという要求を満たすからである。

③自分の利益を犠牲にし、自分が働いている組織の繁栄のために尽くしたいという意欲にあふれている。

④強い正義感の持ち主である。一生懸命に働いて組織の利益のために犠牲を払う人間には、その努力に正当な報酬で報いるべきであり、そのように報われるだろうと信じている。

これらの四つの点に関心を向けることが、優れたマネジャーを生む力になる。これはよくわかる。組織が何を実現できるのかに興味を示すことにほかならないからである。ジョージ・プレンティスの会社で優れたマネジャーについて調査しているうちに、もう一つの発見があった。

優れたマネジャーは成熟した大人であるということだ。もっと簡単に言えば、利己的に行動しない人といえる。彼らは自己をプラスにイメージし、これが仕事の場面でうまく作用する。彼らは弁解がましい態度を示すことはなく、積極的に専門家からアドバイスを求めようとする。また長期的な視野に立つことができる。物欲にとらわれず、年齢よりも長じた風格があり、賢そうに見える。自分には永遠の命が与えられているわけではないと達観しており、まるで自分の将来が何よりも重要であるという気持ちすら捨ててしまっているようだ。

アメリカのビジネスマンの多くは、このように達観することを恐れる。そのような姿勢では意気込みが失われ、拡大志向が弱まり、組織の効率などどうでもよいと思うようになるのではないかと考えている。しかし我々が得たデータによれば、それはまったく杞憂にすぎない。

実は、ワークショップに参加する以前のジョージ・プレンティスはこのような不安を抱えていた。ワークショップ以後、彼はマネジャーとしてより優秀さを増したが、それは自分が重要な人間であるという意識が薄らいだからではなく、逆に自分の重要性を再発見したからである。

その理由は簡単である。彼がそもそも私事より会社のことに心を砕いていることがわかり、部下たちの信頼が集まってきたからだ。

かつて部下たちは自信ありげなジョージを尊敬していたが、びくびくと恐れてもいた。

しかしいまや彼を信頼している。かつては新しく買ったポルシェやホンダの車の話をして、「尊大なやつ」という部下たちが思い描くイメージどおりの男だったが、最近の彼は「私はもう何も買わない」と独り言に近い口調で話していた。

マネジメント・スタイルを転換させる

ジョージ・プレンティスは自分自身に関する理解を深めて以来、そのマネジメント・スタイルを改善することに成功した。このようにおのれを知ることで、概してマネジャーはその行動を改善することができるのだろうか。**図表3**「マネジメント・スタイルは変えられる」で、「トレーニング前」と「トレーニング後」の得点を比較して考えてみよう。

図表3◉マネジメントスタイルは変えられる

マネジャーがトレーニングを受けると、明らかに部下のモラールは改善される。

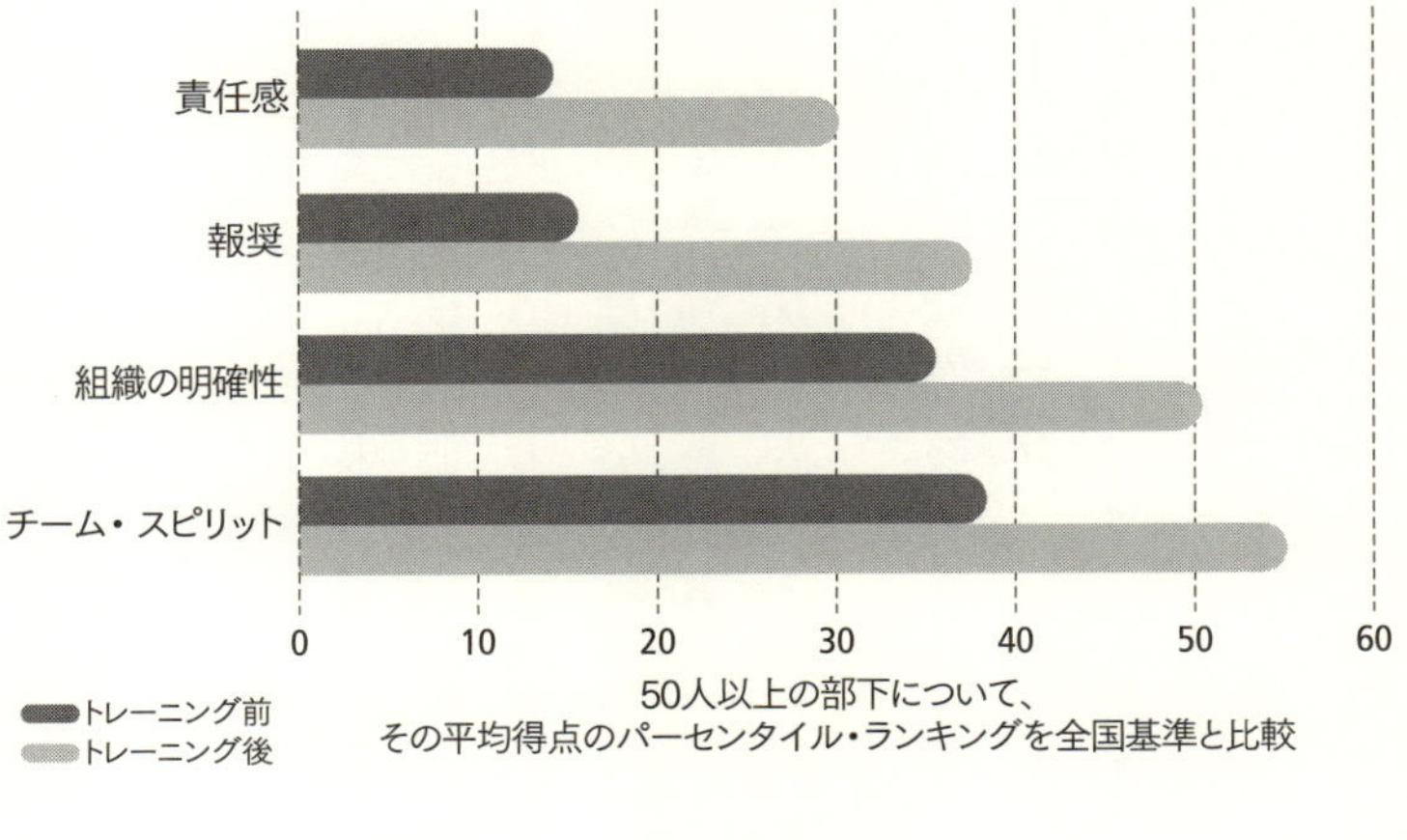

部下の反応から判断すると、マネジャーがそのマネジメント・スタイルをわきまえるようになった後、明らかにマネジメント効果が高まっている。部下たちも自分たちの努力を評価してもらえるようになり、組織の手続きも明確になって、モラールも高まったと感じるようになるのだ。

しかし、人材マネジメントの観点からすれば、このような変化は何を意味するのか。マネジャーはどのように変わったのだろうか。なかには別の仕事に移ることを決意した人もいた。たとえば、ケン・ブリッグスのケースがそうだった。彼はマネジャーとしての職務をまっとうできないのは、人を動かすことに何の関心もないからだと気づいた。マネジャーとして現在の仕事で成功するには、大なり小なり自分を変えなければならないと悟ったが、結局は経営陣の勧めもあって、何よりも大好きな営業の仕事に戻ることを決意したのだった。

こうしてケン・ブリッグスは在庫処理課に移り、自社製品の小売店が前年度の繰越品を処分して、年度でリニューアルし、再販売するサポートに回ることになった。彼はこの新しい役目を見事にやり遂げた。コストを削減させ、売上高を伸ばし、ついには古い在庫品を会社にとって喜ばしい方法で販売するという役目を果たしたのだった。しかも彼は、もう部下を管理することから解放されたのである。

ジョージ・プレンティスの場合は、これほどの変身を図る必要はなかった。彼はまさしく有能なマネジャーであり、会社のトップに立つ人間としても、動機の組み合わせにおいても申し分ない。昇進してからは、以前にも増して見事にマネジャー職をこなした。これからは、自分の流儀で押しまくる威圧的なマネジメント・スタイルをやめなければならないと悟ったからだ。

では、職種は変えたくない、かといってマネジャーの適性も備えていないとわかった人はどうすればよいのだろうか。

その場合は、チャーリー・ブレイクのケースが参考になる。チャーリーは権力動機がケン・ブリッグスと同様に低く、達成動機は平均、親和動機は平均以上だった。

したがって、親和志向マネジャーのプロフィールを備えているわけで、予想どおり部下のモラールはきわめて低かった。部下たちの責任感や報酬システムへの評価が一〇パーセンタイルと低いうえ、チーム・スピリットも三〇パーセンタイルであった。この結果を知ったチャーリーは大きなショックを受けた。

三つのマネジメント・スタイル下の職場の雰囲気を描いた映画を見せられた時、彼が好ましいと選んだのは権威主義的な雰囲気だった。しかし、このスタイルには限界があることをワークショップのトレーナーや参加メンバーたちから指摘されると、彼は怒りを露わにした。そしてグループの進行の邪魔をし、教えられたことに激しく反発した。

後に行われた面接で、チャーリーは次のように述べた。

「私は平静を失っていました。部下が私のマネジメント・スタイルを評価したアンケートを見ながら、まさしく私が部下に対してしている管理に対して、厳しい指摘をされたので余計に腹が立ったのです。

心の底では、私のどこかが間違っているに違いないとはわかっていました。事実、私の担当部門の販売成績は芳しくなかったからです。その原因の大半は私のせいで、部下のせいではありませんでした。責任を与えてもらえないとか、努力を正当に評価してもらえないなど、部下たちが私を評価したレポートには、何らかの意味が隠されていたに相違ありません。

ですから私もここで、何ができるかじっくり考えてみようと決意しました。自分で何もかもやってしまったり、やるべきことをやっていないという理由で部下たちを怒鳴りつけたりせず、マネジャーとして出直さなければならないと悟りました。そしてワークショップからの帰り道、冷静になってみると、過ちを犯すのはそれほど悪いわけではなく、過ちから何も学ばないのがいけないのだと悟りました」

ワークショップが終了してから、チャーリーは自分の計画を実行に移した。六カ月後、チャーリーの部下たちは再評価を求められた。その結果を知るために、二度目のワークショップに出席した彼は、次のように報告した。

「帰る途中、私は心配でたまりませんでした。この部下たちと一丸となって仕事に取り組んできたつもりですし、自分を都合よく売り込むようなことはしなかったつもりでしたが、部下たちが職場の様子をどのように話すのか、とても心配でした。

しかし、チーム・スピリットなど前回は三〇パーセンタイルと低かったのが五五パーセンタイルに跳ね上がったことを知って、本当に嬉しく、ほっと安心して、一日じゅう何も言えないほどでした」

以前とどのようにやり方を変えたのかと尋ねられると、チャーリーはこう答えた。

「いままでずっと、本社から当初目標の一一〇パーセントを達成しなければならないと言われていた時、私は部下たちを集めてこう言いました。『こんなのおかしな話だ。そんなことできやしない。だが、これをやり遂げなければどうなるか、君たちも十分承知のはずだ。だから、理屈は脇へよけて黙って働くしかない』と。その結果はというと、私は一日に二〇時間も働くのに、彼らは何もしませんでした。

今度は、異なる接し方をしてみました。私は彼らに三つのことを言いました。第一に、会社のためにある程度の犠牲を払わなければならないこと。第二に、我々はすでに一生懸命にやっているのだから、『もっと働きなさい』というのは成績の向上ではなく、特別の取引や販売促進を考えるということ。そのためには、何か違った角度から見なければならないこと。

第三に、彼らをバックアップしようと努めたこと。一人ひとりに現実的な目標を立てる。

その目標は達成しても、会社の目標は達せられなかった時、彼らが罰を受けないように、私は配慮すること。しかし彼らが会社の目標を達成した時は、何か特別の報酬がもらえるように取り計らう」

「そのような報酬を用意する権限などないではないか」と部下たちがチャーリーに反論した時、彼は怒りもせずに、自分の権限の範囲内でできる報酬——たとえば、いつもより長い休暇など——を与えることを約束した。

ここで注目したいのは、このチャーリーの新しいスタイルは、優れた組織志向マネジャーの特徴だという点である。特に彼の権力動機——部下の営業マンたちに影響力を行使したいという欲求——が高くなり、自分で何もかもやろうとする傾向が薄れてきた。そして彼は部下たちに、会社のために犠牲を払ってほしいと言っている。

部下たちから反論されても、怒って自己防衛を図ろうとするのではなく、彼らが何を求めているかを探り、自分の範囲内で解決しようと努力している。また、自分の職務は部下を批判することではなく、彼らを強いと感じさせ、支援することだと理解している。しかも彼は部下たちの努力に正当に報いようとしている。

このチャーリーの転換はしかるべく報われた。彼が担当する部門の一九七三年の年間売上高は前年より一六パーセント以上も増え、翌年にはさらに増加した。彼がこの年に達成した前年比成長率は全国で七位、そして翌年には全国三位の成績となった。

社内でマネジメント・スタイルを転換させたのはチャーリーだけではなかった。営業部門全体が、前年の実績をかなり上回り、この増加が会社全体の業績に大きく貢献したのである。前年には一五〇〇万ドル前後の損失だったが、三〇〇万ドルの利益へと逆転するまでになった。同社の業績はさらに向上し、翌年には売上高で一一パーセント増、利益で三八パーセント増を記録した。

もちろん、ワークショップで全員に改善の手が届くわけではない。ヘンリー・カーターは、某企業の営業所長を務めているが、ワークショップに参加する前、彼の部下たちのモラールは何とも低かった（わずか二〇パーセンタイル前後）。六カ月後に再びモラールのほどをチェックしたが、さしたる改善は見られなかった。全体の営業成績もこの事実を反映して、前年比で二パーセント増にとどまっていた。

妙な話だが、ヘンリーの問題は、彼がみんなから好かれているために、自己変革しなければならないというプレッシャーをほとんど感じていないことだった。彼は常にパーティの花形で、たいそう人気者なのだが、それは彼が手に入りにくい葉巻やワインを他のマネジャーたちに割引価格で配っているからだった。ヘンリーの担当部門が他部門に比べて成績が悪いことはだれもが知っていたが、彼はあらゆる人との密接な関係を利用して、昇進の階段を上ってきた。

ヘンリーが巧みに人脈を利用していることは、ワークショップのビジネス・ゲームで彼が失敗した時にも明らかになった。なぜ彼のやり方がまずくて、職場でも同じようなやり方をしているのかという議論が始まると、彼のシンパの二人が即座に立って彼の弁護を始めたのである。この二人は、ヘンリーのやり方が周囲や会社の大きな助けになっていることがしばしばあると擁護したのである。

それゆえ、ヘンリーは自らを問い直すことなく済んできた。経営陣のだれにとっても「人のよい、頼りになる友人」という役割をうまく演じ続けてきたので、部下の成績が芳しくなくとも、彼はマネジメント・スタイルを変えなければならないというプレッシャーから解放されていたのだった。

ケン・ブリッグス、ジョージ・プレンティス、チャーリー・ブレイク、ヘンリー・カーターの四人のケースから、我々は何を学習できただろうか。どのような動機が有能なマネジャーを生むのか、そして、それなりの資質を備えていれば人間は変われることがわかったはずである。

不思議なことに、大企業の優秀なマネジャーは、我々が定義し、測定してきたような達成動機にあふれているとは言い難いが、そのような動機を秘めた人々は少なからず社内のどこかに存在している。

優秀なマネジャーを発見することも育成することも可能

ここで紹介した長を務めるマネジャーたちは、権力動機と部下を動かすことへの関心が高く、それは親和動機以上に高い。マネジャーの権力動機は周囲に影響を及ぼすものでなければならない。つまり、個人の利益だけでなく、組織全体の利益にもなるようにコントロールされる必要があるのだ。

このような特性の動機を備えた人や国家は、その勢力をさらに拡大し、一大帝国を築くことも可能である。モラールを高め、自分が率いる組織を拡大しうるのだ。しかし危険性がないわけではない。国家の場合と等しく、帝国を築くことは社内に帝国主義や独裁主義を生みかねないからだ。

優れたパワー・マネジメントの源となるモチベーションは、企業や組織の発展という御旗の下、他社を支配しようという方向に向かわせる場合もある。したがって、連邦当局が企業を定期的に規制しなければならないというのも驚くには当たらない。

同様に、エクセレント・マネジャーはこのような規制者の役割を果たす。そこには二つの特徴が見られる。利己主義に走ることに歯止めをかける円熟した人格と、民主的なコーチング・スタイルのマネジメントである。

このような成熟した大人としてのチェック機能が、組織志向マネジャーの権力動機を構成する一要素であるならば、攻撃的で利己的な権力へ発展する心配はない。すなわち、マネジャーは部下をきちんと統制し、威嚇や高圧的なマネジメント・スタイルに頼らずに部下を動かすことができるということである。

このように要約すると、我々の経験的かつ統計的な調査を通して判明したことは、きわめて常識的なことに聞こえるかもしれない。いやもはや常識の域を超えているはずだ。なぜなら、優秀なマネジャーの特徴は何か、客観的に描き出すことができるからだ。

経営者は優秀なマネジャーの資質を備えた人物を選ぶことも、すでにマネジャーの地位にある人物を、自信を持って効果的に部下を動かせるようにトレーニングすることも十分可能なのである。

【注】

(1) need for achievement は「達成欲求」とも訳されるが、本稿においては achievement motive とランダムに併用されており、また両方とも「達成動機」と訳す立場もあるため、後者に統一した。

(2) power は本稿のような文脈においては「裁量権」「組織内権力」、またエンパワーメント理論に照らして「自らの生活を決定する要因を統制する能力」と解釈できるが、表現上の面から、また誤解を招くことはないと判断し「権力」と訳した。

(3) パーセンタイル (percentile) とは、測定値の変数の累加パーセントに当たる点である。たとえば九〇パーセンタイルとは、度数の九〇パーセントがそれ以下にある点 (数値) である。すなわち一〇〇のうち、測定値の小さいほうから累積して九〇番目ということである。

(4) David C. McClelland, William N. Davis, Rudolf Kalin, Eric Wamer, *The Drinking Man*, The Free Press, 1972.

ワークショップの進め方

本文中で紹介されているケーススタディやデータは、我々が開催したワークショップの結果の一部である。これらのワークショップでは、各社の経営幹部が自分のマネジメント・スタイルやその能力を知り、いかに自己変革すべきかを学習する。また、どのような動機が、優れたマネジャーを生み出す要素なのか、これを研究する機会にもなった。

ワークショップと本稿において、我々は「達成動機」「親和動機」「権力動機」といった専門用語を用いている。これらの用語は、グループや個人の動機を示す測定可能な要素のことである。これを簡単に説明すると、以下の質問に即答させ、その特徴を得点化したものである。

・マネジャーが以前よりも成績や効率を向上させることについて、どのくらいの頻度で考えているか（達成動機）。
・他社と友好的な関係を確立し、維持することについて、どのくらい考えているか（親和動機）。
・他人を動かし、影響を与えることについて、どのくらい考えているか（権力動機）。

ここで言う権力とは、独裁的な権力のことではなく、どれほど強い立場で、影響力を行使できるようになりたいかを意味している。

マネジャーはワークショップに参加すると、まず自分の職務に関する質問用紙に回答を記入する。各参加者は自分の職務を分析し、自分には何が要求されていると考えているかについて説明する。それから、さまざまな仕事の場面を示す絵についてストーリーを書かされる。そのストーリーを本人が達成動機、親和動機、権力動機にどれくらい関心があり、また抑制力を備えているかという観点からコード化し、得点を出す。その結果を全国基準と比較する。

各人が職務上必要とされる条件と本人の動機のパターンとの差異を分析することで、当人が適正な職務についているか、昇進する可能性があるか、あるいは現在の地位に見合うように自己変革できるかといった点について評価できる。さらに、ワークショップの参加者がどのようなマネジメント・スタイルを取っているかを探るために、彼らに質問表を渡して、職場で実際の場合をどのように処理しているか、答えを選択させる。

マネジメントのスタイルとしては、民主的、親和的、先導的、コーチング的、威圧的、権威主義的という六つのタイプがある。参加したマネジャーに各スタイルの効用について感想を書かせ、自分が好むタイプを選ばせる。各マネジャーがどれだけ効果的なマネジメントをしているかを判定する場合には、部下たちにマネジャーのやり方について質問するのも一つの方法である。

そこで、優れたマネジャーが備えている特徴を割り出すために、ワークショップに参加したマネジャー一人ひとりについてその特性が浮かび上がるように、その部下三人ずつに次の六つの判断基準に従って、上司とその仕事に関する質問を投げかける。(注5)

・上司が要求する規則にどのくらい従っているか。
・どのくらい責任を委譲されていると思うか。
・所属部門では業績の基準がどれくらい重視されているか。
・成績のよし悪しに関する賞罰はどのようになっているか。
・組織の明確性はどのくらいか。
・チームへの帰属意識の程度はどのくらいか。

こうした質問調査によって、部下からモラールについて（組織の明確性とチームへの帰属意識）最高の得点を得たマネジャーが最も優秀なマネジャーで、最も望ましいパターンの動機を備えていると判定された。さらに六カ月後、再び同じ部下たちに質問し、マネジャーがワークショップが終了した後、モラールの得点が向上したかどうかを調べた。また、参加したマネジャーがどのくらい大人として成熟しているのかについても調査した。

これは、もう一つ優秀なマネジャーへと変身するうえで重要と思われる性格的な特徴でもある。マネジャーが書いたストーリーから、権威に対する姿勢、特別の問題に対した際の感情表現について読み取ることができる。ここから、そのマネジャーの成熟度が四段階のどこにいるかを判定することが可能である。

第一段階の人は、他力本願でだれかに指導してもらいたいと思っている。第二段階の人は、主に自立性に関心を抱いている。第三段階の人は、他人をうまく操作したいと思っている。第四段階の人は、利己的な欲望を捨てて、献身的に他人に尽くしたいと思っている。(注6)

本文で示した結論は、アメリカの企業二五社のマネジャー五〇〇余名が参加したワークショップのデータを基にしたものである。図に示したのは、このうちの一社の例である。

【注】

（5）G. H. Litwin and R. A. Stringer, *Motivation and Organizational Climate*, Harvard Business School, 1966. による。

（6）David C. McClelland, *Power: The Inner Experience*, Irvington Publishers, 1975. に報告されているようにアビゲイル・スチュワートの研究による。

第7章 What It Means to Work Here

「理想の職場」のつくり方

nGENERA イノベーション・ネットワーク 所長
タマラ J. エリクソン
Tamara J. Erickson

ロンドン・ビジネススクール 教授
リンダ・グラットン
Lynda Gratton

Tamara J. Erickson
nGENERA（旧BSGアライアンス）イノベーション・ネットワーク所長。*Harvard Business Review*誌には、2004年度のマッキンゼー賞を受賞した“It's Time to Retire Retirement,” *Harvard Business Review,* Mar. 2004.（邦訳「『退職』という概念はもう古い」『DIAMONDハーバード・ビジネス・レビュー』2004年8月号）などの寄稿がある。また著書に *Plugged In: The Generation Y Guide to Thriving at Work,* Harvard Business School Press, 2008.がある。

Lynda Gratton
ロンドン・ビジネススクール教授。アドバンスト・インスティテュート・オブ・マネジメント上級研究員。著書に *Hot Spots: Why Some Teams, Workplaces, and Organizations Buzz with Energy—and Others Don't,* Berrett-Koehler Publishers, 2007.がある。

“What It Means to Work Here”
Harvard Business Review, March 2007.
初出「『理想の職場』のつくり方」
『DIAMONDハーバード・ビジネス・レビュー』2007年9月号

優秀な働き者は給料や福利厚生だけで動いたりしない

それは、まるで見えの張り合いのようだ――。優秀な人材を確保するために、他社の労働条件に合わせて、自社の給与体系や福利厚生、研修などの人事諸制度を同業他社と同等、もしくはそれ以上になるようにしている例が少なくない。

求職者を呼び寄せるだけなら、このような戦略も有効かもしれないが、仕事熱心で、組織とミッションに忠実な人材を確保するには必ずしも得策とはいえない。業界標準に合わせたところで、求職者たちに、その企業ならではの歴史や価値観、自身の職業観について考えさせるには至らない。

採用予定者にとって、どのような仕事なのかだけでなく、それに見合った給料や充実した福利厚生はたしかに重要である。しかし、人はそれだけで仕事を選ぶわけではない。自分と組織の嗜好や目標が一致するならば、そこにやりがいを見出す。

ある優秀な女性が三社の内定企業について検討中で、そのうち一社があなたの会社だとしよう。彼女は、入社時にはちょっとしたオリエンテーションがあることを、各社から聞いている。

あなたの会社では、最初の三カ月を試用期間と定めており、その間、配属が予定されている部門で働くことになっている。そして、この試用期間が終わった時点で、そこのメンバーたちがその新入従業員を正式に採用するか否かを投票で決定する。なお、管理職には採用の決定権はない。

二番目の会社では、新入従業員は三カ月にわたって、シニア・マネジャーの厳しい監視の下、さまざまなクリエイティブなプロジェクトに矢継ぎ早に参加する。試用期間が終了したら、自分のスキルにふさわしいプロジェクトを選べることになっている。

三番目の会社では、最初の三カ月間、新入従業員は集中的なトレーニングを受けて、その会社の仕事の流儀について学ぶ。その後、Ａクラスの先輩従業員とペアを組んで、ＯＪＴを受ける。

これらのオリエンテーションは優劣をつけられるものではなく、採用予定者は自分の価値観と嗜好に最も近いプログラムを用意している企業を選ぶことになるだろう。リスクを好み、あいまいさにも耐えられる人なら、二番目の会社では、やりがいと仕事のスピード感におもしろみを感じるかもしれないが、三番目の会社では、窮屈さで情けない気持ちになるだろう。また、みんなと一緒に仕事をするのが好きな人ならば、あなたの会社に魅力を感じるだろう。

以上の例は、人材獲得競争において、いかに従業員の嗜好が重要かを浮き彫りにしているが、残念ながらこの点は見落とされがちである。並の企業を一流に変えるのは、しかるべき人材、すなわち仕事と職場に興味を示してくれる人たちを集め、彼ら彼女らに末永く働いてもらう組織能力である。

そのような人材には働き者が多く、たとえ給料や福利厚生の面で他社に多少見劣りしても、それに惑わされることは少ない。また、事業上の課題を創造的かつ生産的に解決するという組織ニーズに応えながら、自分自身が納得して目標を達成する方法を見出すことができる。

このようなやる気は、顧客や新入従業員たちにも伝染する。ひたむきな従業員は、重要任務を果たすために招聘され、その解決とともに去っていくプロフェッショナルとは対照的だが、長期的な生産性に優れている。

ただし、他社を真似するだけでは、そのような人材を選り分け、末永く働いてもらうことは難しい。求職者たちに、あなたの会社で働くことを具体的に想像させ、職場の価値観や特性はどのようなものなのかを明確に伝えられなければならない。

会社に関する正しい情報を伝えるには、「シグニチャー・エクスペリエンス」、すなわちその職場ならではの経験を提供する必要がある。その過程で、同じ職業観と情熱の持ち主たちが自発的にあなたの会社を選ぶように後押ししてやれば、生産性の高い労使関係の基礎を築くことができる。

他社と同じ待遇が必要十分条件ではない

シグニチャー・エクスペリエンスとは、組織において従業員たちが経験できる、目に見える全体的な特徴のことである。それ自体、会社に価値をもたらすものだが、組織の文化と価値観を示すシンボルとしても強力かつ安定的に機能する。

この経験は、「シグニチャー・プロセス」と呼ばれるルーチンによって生み出されるが、このプロセスは社内で進化し、その組織の伝統と経営陣の理念を反映したものであり、したがって他社が模倣するのは難しい。

シグニチャー・エクスペリエンスは、我々の過去五年間にわたる組織調査から導き出された概念である。我々はまず、仕事にひたむきな従業員のいる企業を職場調査などで詳細に調査し、仕事への熱意と責任感あふれる人材をあらゆるレベルで育成するために採用している取り組みのチェックリストを作成する予定であった。

ところが予想と異なり、人材マネジメントは企業によってまちまちであった。たとえば、給与が平均を大きく上回る企業もあれば、平均に届かない企業もある。スケジュールを自己管理する臨機応変なワーキング・グループが自慢の企業もあれば、体系的な「総員上甲板」体制を売りにしている企業もある。労使関係の考え方についても、父権主義的なものから放任主義的なものまで、大きな違いが見られた。

調査を進めるにつれて、このような取り組みの違いは、単なるシステム上のノイズではなく、従業員たちのやる気を維持・向上させるうえで欠かせない要素の一つであることがわかってきた。

これらの企業は、コーポレート・アイデンティティを表現する能力に長けている。自社がどのような存在であり、必ずしも万人向けする組織ではないことを自覚している。そのほとんどが、既存顧客と見込み顧客についておおむね把握しているように、いま働いている従業員と将来入社してくる従業員についても同様である。また、従業員一人ひとりの働く理由やその流儀はさまざまであることを承知している。

そして、壁に貼られたスローガン、あるいは各デスクに置かれたラミネート加工のカードに書かれた社是社訓や価値観などではなく、実際の仕事のなかで、自社の存在理由を具体的に伝えている。

だからこそ、このような企業では、職場にスムーズに溶け込める働き者たちを集め、彼ら彼女らをより仕事熱心な人材に育て上げることができる。どのように適材を集め、どうすれば長きにわたって働いてもらえるのかを理解するために、まず、先に述べたオリエンテーションに関するシグニチャー・エクスペリエンスについて、三社の例を引きながら検証してみたい。

ホール・フーズ・マーケット

チームワークを雇用の基本原則としている、最初のシグニチャー・エクスペリエンスに近い例としては、テキサス州オースチンに本社を置くホール・フーズ・マーケットが挙げられる。

内定者には、各店舗の部門、たとえば食肉、野菜、ベーカリーごとに分権的で少人数の起業家チームが編成されており、そこのメンバーたちに一〇〇パーセントの採用決定権が与えられている旨が説明される。

一カ月の試用期間を終えると、チーム・メンバーたちは採用予定者を本採用するかどうかについて投票で決定する。内定者が正規の従業員になるには、チーム内の三分の二以上の賛成が必要である。

このシグニチャー・エクスペリエンスは、同社の利益配分の仕組みにも表れている。各チームの業績評価は年一三回実施され、成績優秀チームのメンバーには最高二ドルの時給アップが与えられる。

このボーナスは、個人の成績ではなく、明らかにチームの成績と連動しているため、メンバーたちは慎重に、採用に当たって、員数合わせの仲間ではなく、本当に仕事のできる人物を選ぶようになる。

このような採用方法は、一匹狼を排除し、共同作業と分権化という同社の価値観を強力にメッセージしている。ホール・フーズは、『フォーチュン』誌の「最も働きがいのある企業一〇〇社」に九年連続でランク入りを果たしており、このシグニチャー・エクスペリエンスは有効と考えられる。

トリロジー・ソフトウエア

厳しい研修を特徴とする二番目の企業は、同じくテキサス州オースチンに本社があり、ソフトウエア・サービス・プロバイダーとして急成長を遂げているトリロジー・ソフトウエアのシグニチャー・エクスペリエンスをモデルにしている。

新入社員たちは、組織的な新兵訓練《ブートキャンプ》ともいえる、三カ月間の過酷な集中トレーニングを受ける。その間、段階ごとに、ＣＥＯをはじめ、経営幹部たちがその監督に当たる。

新入社員たちは最初の一カ月間、「セクション・リーダー」と呼ばれる先輩社員の指導の下、約二〇件ものクリエイティブなプロジェクトに次々と参加する。二カ月目には、プロジェクト・チームのメンバーを入れ替え、少人数の「ブレークスルー・チーム」に分かれる。各チームは、新しい商品やサービスの企画、ビジネスモデルの開発、プロトタイプの制作、マーケティング・プランの立案などを担当するが、いずれも超ハイペースで仕事を進めなければならない。

三カ月目、新入社員たちは自分の独創力を発揮しなければならない。ブレークスルー・

チームで仕事を継続する者もいれば、社内のどこかにスポンサーを見つけて、自分のプロジェクトを立ち上げる者もいる。

このプログラムが終了すると、新入社員一人ひとり厳正に評価される。他の新入社員やセクション・リーダー、経営幹部から、パフォーマンスについて詳細なフィードバックが提出される。やがてそれぞれ配属先に分かれていくが、この過酷なオリエンテーションの期間に育まれた強い絆は、その後もキャリアを通じて残る。

トリロジーのオリエンテーションにおけるシグニチャー・エクスペリエンスは、きわめて重要なR&D機能ともいえる。新入社員たちのプロジェクトは、これまでに二五〇〇万ドル以上の売上げを生み出し、一億ドルを超える新規事業の基礎となっている。

この経験は、トリロジーの次世代リーダー、すなわちブレークスルー・チームのメンバーを指導するメンターやコーチ、そして新入社員自身の能力を試す実験場としても機能している。

特に重要なのは、オリエンテーションでの経験によって、トリロジーの職場はどんなところなのかを心底納得できることである。はっきりしたルールを厳格に運用する職場を好む人は、この集中トレーニングの話を聞けば、おそらく内定を辞退することだろう。しかし、短期集中型のチャレンジを好み、あいまいさも気にならない人ならば、すぐに飛びつくことだろう。

ザ・コンテイナー・ストア

充実した研修と確実な能力開発を特徴とする三番目の企業は、ダラスに本社を置く小売企業で、タッパーウエアなどの日常的な商品から、特注のシステム棚などの高級品まで、収納に関するソリューションを提供するザ・コンテイナー・ストアのシグニチャー・エクスペリエンスをモデルにしている。

同社の製品のなかには、一つ数千ドルの特注クローゼット・システムなど、かなり高額なものもあるため、フロア・スタッフたちが、顧客の期待に的確に応えられるかどうかが業績を大きく左右する。

ザ・コンテイナー・ストアの従業員たちは、顧客ニーズに応える収納ツールを提案する能力を備えており、同社はこの能力に依存している。新たに入社した正社員およびパートタイマーたちのオリエンテーションでは、即戦力に育て上げるための集中トレーニングが実施される。

まずは、店舗や流通センター、本部に配属され、全員五日間の「ファウンデーション・ウィーク」と呼ばれるプログラムに参加する。ここでは、製品や業務手順、価格について叩き込まれる。そのほか、人事や福利厚生に関する書類についての説明を受ける。五日間のトレーニングが終了すれば、現場で働くことになるが、しばらくの間は、優秀な先輩従業員によるＯＪＴに従う。

研修はこれで終わりではない。新入社員たちは入社一年目、最低二三五時間の正式トレーニングを受けることになっている。ちなみに、小売業界全体の平均研修時間は約七時間である。各部門でさまざまな仕事を経験しながら見識を広げ、同社の戦略的取り組みについて学習する。

このように、ザ・コンテイナー・ストアのシグニチャー・エクスペリエンスは、従業員の適性と長期的な学習機会について、的確なメッセージを伝えている。新入社員の四〇パーセント以上は、同社で働いている友人の推薦を受けている。従業員アンケートの結果を見てみると、「ここで働いている人たちには、互いを思いやる気持ちがある」という項目で、従業員の九七パーセントがイエスと回答している。その結果、同社の離職率は三〇パーセント以下で、業界平均を大きく下回る。

言うまでもなく、求職者のなかには、従業員教育に関する明確かつ厳格な姿勢に感銘を受ける者もいれば、そう思わない者もいるだろう。とはいえ、採用担当者が集中的なオリエンテーション経験について説明することで、同社で成功するために必要条件とは何かについて、具体的なシグナルを発しているのは間違いない。

ホール・フーズ、トリロジー、ザ・コンテイナーの三社は、一度聞いたら忘れられない独自の方法によって自社の価値観と特徴を明らかにし、それを伝えている。このおかげで、求職者たちは十分な情報に基づいて、仕事と職場について吟味できる。三社にすれば、やる気にあふれる人材を確保できる確率はますます高くなる。

シグニチャー・エクスペリエンスを正しく伝える方法

シグニチャー・エクスペリエンスを具体化し、それをうまく伝えている企業は、優れた能力を発揮できる人間はけっして一様ではなく、そのタイプは企業によって異なり、すべての労働者が同じものを望んでいるとは限らないことを理解している。

本稿執筆者の一人、タマラ・J・エリクソンは、心理学者にして老年学者《ジェロントロジスト》のケン・ディヒトバルトと同僚のロバート・モリソンとの共同研究で、仕事が好きな理由を基準に、労働者を六つのカテゴリーに分類した。

たとえば、職場の人間関係や友人関係を大切にする人たちがいる。一方、なるべく関わり合いを避け、できる限りの金と自由を手に入れたいと考える人もいる。リスクを求める人もいれば、安定を求めて着実にキャリアを積み上げたいという人もいる（**図表**「仕事の意味」を参照）。

我々の調査によれば、仕事熱心で生産性の高い人材の育成に成功している企業は、そうではない企業に比べて、労働者のタイプの違いにうまく対処している。つまり、従業員た

出典：大手企業24社の資金援助によって、コンコース・インスティテュートと調査会社のエイジ・ウェーブが共同で実施したアメリカ国内の労働力に関する統計調査。

従業員のタイプ	仕事の役割	従業員が重視する内容
リスクと報酬	仕事とは、変化と刺激に満ちた人生を送るための数あるチャンスの一つ	●個人的な資産を高めるチャンス ●柔軟性 ●さまざまな選択肢のなかからタスクとポジションを選択するチャンス ●仕事を遂行するうえで自由が利くタスクとその方法
臨機応変なサポート	仕事とは、生活の糧だが、(いまのところ)優先すべきことではない	●柔軟性 ●具体的に規定された休暇休職制度と福利厚生 ●具体的に規定された業務手順(タスクや割り当てられた仕事を気楽に引き受けたり、断ったりできる) ●バーチャルかつ就業時間に縛られないタスク ●おもしろさ
ちょっとした義務と収入	仕事とは、当座の収入源	●比較的簡単に従事できる単純な仕事 ●具体的なかたちで規定された業務手順 ●高い報酬と福利厚生 ●安定と安全 ●表彰制度

図表◉仕事の意味

社会が豊かになるにつれて、人々の生活には余裕が生まれ、そのなかで仕事の果たす役割も多様化してきた。タマラ・エリクソンは、ケン・ディヒトバルトおよびボブ・モリソンとの共同研究のなかで、仕事には6つの役割――それぞれサイコグラフィックス（ライフスタイルや嗜好、価値観、信条などの心理属性）に基づいている――があり、6種類の従業員タイプに対応していることを示唆している。労使関係において特に重視される項目は、従業員のタイプによって大きく異なる。

従業員のタイプ	仕事の役割	従業員が重視する内容
おのれを表現し、財産となるもの	仕事とは、長続きする価値を創造すること	●自律性 ●起業チャンス ●創造するチャンス ●継続的な学習と成長を可能にする刺激的なタスク
着実な進歩	仕事とは、自分の人生をより豊かにし、予測可能な方向を見つけ出すこと	●公正で、支給額が予想できるボーナス ●具体的な報酬、充実した福利厚生、退職金制度 ●安定性 ●組織構造と業務手順 ●キャリア開発プログラム
個人の専門知識とチームの成功	仕事とは、勝ち組の一員になること	●コラボレーション ●おもしろさ ●安定と組織構造 ●コンピタンスを獲得するチャンス ●個人の能力を活用するチャンス

ちに自社ならではの経験をたえず提供し、それを支援するための原則を遵守しているのだ。以下、それらの原則について説明しよう。

原則①潜在的な候補者にターゲットを絞る

たいていのビジネス・リーダーは、どのような顧客が自社の製品やサービスを購入してくれるのかを知っている。しかし、どのような人材が自社の企業文化になじみ、そのワーク・フローに適応できるのかを理解している者は少ない。

潜在顧客と同様、潜在的な候補者を体系的に絞り込んでいる企業は、持続的な競争優位を獲得できる。その好例がジェット・ブルー航空である。同社は、一九九九年に創業して以来、フライトの予約をはじめ、数々の業界慣行を覆してきた。

多くの航空会社がコール・センターを利用していた頃、ジェット・ブルーは従業員が自宅で処理できるシステムを開発した。このノウハウは後に、同社のシグニチャー・エクスペリエンスの一つとなり、業界平均以上の給与よりも柔軟な勤務時間を重視する有能で生産的な人材を多数引きつけることになった。

創立者兼CEOのデイビッド・ニールマンによれば、このシグニチャー・エクスペリエンスが生み出されたのは何もコスト削減という目的だけからではないという。ジェット・ブルーの顔として、パイロットや客室乗務員のみならず、予約受付係も顧客満足度を向上させる責任を担うことで、将来的な増収がもたらされる。

当時のジェット・ブルーには、従業員たちに高給を支払う余裕がなかったため、在宅勤務という別の方法でアピールすることにした。「研修の後、従業員のみなさんを自宅に戻す。これで、全員がハッピーになれます」とニールマンは言う。

予約受付係のなかには、たとえば週二〇時間しか働けない人もいれば、直前になって勤務時間をどうしても変更してほしいと訴える人もいる。このように仕事のスケジュールに関する要望はさまざまだが、ジェット・ブルーはそのほとんどに対応し、事業目標とのバランスもうまく図っている。

従業員には、勤務時間を変更する権限が無制限に与えられており、専用のオンライン掲示板を利用して、やり取りできる。このようなスケジュールの自己管理プロセスが、従業員のやる気と満足度を維持し、ひいては顧客サービスの向上にもつながっていると考えられる。実際、ジェット・ブルーでは、業界標準に比べて、生産性はプラス三〇パーセント、顧客サービス度はプラス三八パーセント、一人当たり業務量はマイナス五〇パーセントという好成績を収めている。

法人向け保育サービス大手のブライト・ホライゾンズは、保育士たちの役割を概念化し直すことで、シグニチャー・エクスペリエンスを生み出した。同社の施設で働く保育士たちは、「チャイルド・ケア・ワーカー」や「ベビーシッター」といった一般的な名称ではなく、「アーリー・チャイルドフット・エデュケーター」（幼児教育者）と呼ばれる。その結果、派遣労働者が大半を占めるこの業界で、自分のことを「保育のプロ」と自負する人たちを引きつけることに成功した。

この変更によって、「子ども一人ひとりの個性と可能性を育む」「プロフェッショナリズムをサポートする職場環境を整える」といったミッション・ステートメントと、従業員たちの経験が合致することになった。

同社には、シグニチャー・エクスペリエンスを強化する施策として、次のようなものもある。チーム・メンバーによる採用の可否、卓越性とプロフェッショナリズムを真摯に考える組織に参加したことを、新入社員とその家族にきちんと説明するウェルカム・プログラム、スキル重視のトレーニングとキャリア・アップの機会などである。この業界は、平均約五〇パーセントという高い離職率で知られているが、ブライト・ホライゾンズのそれはせいぜい二〇～二二パーセントである。

原則②具体的なビジネスニーズに対応する

シグニチャー・エクスペリエンスのなかには、重要なビジネスニーズから生まれたものもある。数年前、ＢＰの当時のＣＥＯ、ジョン・ブラウン卿は、買収して間もない石油会社五社を統合するという難題に直面していた。その際、同社が擁する一二〇の事業ユニットにもれなく学習の文化を植えつけることが大きな課題の一つだった。この統合の成功なくして、費用対効果の面で、期待どおりのシナジーは望めそうになかった。

しかし、当時の事業ユニット長たちには、競争するのを得意とする者が多く、コラボレーションに長けた者はほとんどいなかった。このギャップを埋めるため、ブラウンたちは、「ピア・アシスト」と呼ばれるシグニチャー・エクスペリエンスを開発した。まずは部門の数と同じ一三のピア・グループがつくられ、次に各事業ユニット長たちは、自分のところで何がうまくいき、何がうまくいかないかについて、アイデアと情報を交換するようになった。

また、この知識共有活動をより推進するために、ピア・グループ全体の業績に応じて事業ユニット長のボーナスが支給された。こうして社員たちは互いに学び合うようになった。部門横断的に取り組んだことが奏功し、ＢＰには財務目標と人材マネジメントにおける新たな基準が生まれた。

ＢＰのシグニチャー・エクスペリエンスの長所は、「一緒に働く仲間こそ、ＢＰの成功の礎となる」という、ブラウンの基本理念をまがうかたなく体現している点である。このシグニチャー・エクスペリエンスを歓迎する人はこれまでどおりＢＰで一生懸命働き、嫌な人は去っていくことだろう。

原則③自社の歴史を明らかにし、これを尊重する

シグニチャー・エクスペリエンスの種子がありながらも、まだまかれていない企業は多い。そのような場合、その種子を見つけて、大きく育てながら、今日のビジネスニーズに合わせて保護することが課題となる。

ここでは、行動とスピードを重視した職場環境づくりによって、小さな国立銀行からグローバルな金融機関へと成長したロイヤル・バンク・オブ・スコットランド（ＲＢＳ）の例を見てみよう。

同行で能力を最大限に発揮できるのは、強烈なプレッシャーを受けながら、短期間で質の高いパフォーマンスを上げられるような人である。このため、内定者は、同行の伝統的なシグニチャー・エクスペリエンスについて知っておく必要がある。

ＲＢＳが創立された一八世紀当時、銀行業は紳士の職業であった。一日の仕事はたいてい、午前中に終わってしまうため、午後は、釣りやハンティングなど、仕事より大切なことに費やすことができた。また朝のミーティングのおかげで、このようなスケジューリングが可能であった。

しかし現在、言うまでもなく、銀行業は二四時間体制のビジネスであり、スコットランドの丘で遊び回る時間などほとんどない。しかし、朝のミーティングというしきたりはいまも残っている。

RBSの歴代CEOたちはこれを大切にし、独自のやり方のミーティングを執り行った。CEOのフレッド・グッドウィン卿をはじめ現経営陣は、毎朝八時から九時の間、前日の出来事について話し合ったり、その日の予定を見直したり、今後の計画を立てたりする。このミーティングによって、行員たちは市場へのスピーディな対応について考えざるをえなくなる。たとえば、RBSでは、三〇日、六〇日、または九〇日以内にプロジェクトを完了させることが議論される。何週間あるいは何カ月ということはない。この朝のミーティングがあるからこそ、経営陣のアカウンタビリティも強化される。

RBSは、早朝ミーティングやハイペースの短期プロジェクトに、万人が好感を示すわけではないことは先刻承知している。したがって、同行のシグニチャー・エクスペリエンスは求職者たちに、こんな明確なメッセージを送る。すなわち、意思決定の前にコーヒーで一服したり、『タイムズ』紙にざっと目を通したりしたいならば、それはRBSではない、ということである。

もう一つ、歴史に起因するシグニチャー・エクスペリエンスの例として、デラウェア州に本社を置くW・L・ゴア・アンド・アソシエーツが挙げられる。同社の最も有名な製品である〈ゴア・テックス〉は、世界中でアウトドア衣料に使われている。

同社が着実に成長を遂げているのは、「ラティス」（格子）と呼ばれるマネジメント・システムによって、同社でしか得られない経験を従業員たちに提供しているからにほかならない。

このシステムの下では、ヒエラルキーもなければ、報告義務もない。そして、従業員たちは「アソシエート」（仲間）と呼ばれ——同社ではけっして従業員と呼ぶことはない——特定の業務に縛られることもない。創設者のウイリアム・ゴアが四〇年以上前に導入して以来、このシステムは堅持され、むしろ強化されてきた。アソシエートには、上司ではなく、スポンサーがつく。アソシエートたちは、自分の仕事というものを持つことはなく、機械を作動したり、経理事務を処理したりと、各職能分野の仕事に従事することを自発的に約束する。

一方、スポンサーは、これら新しいアソシエートたちが一日でも早く何らかの成果を実現できるように支援する。つまり、彼ら彼女らを組織になじませつつ、成功への近道となるようなプロジェクトを見つけてやるのだ。

W・L・ゴアのラティス・プロセス全体が、このシグニチャー・エクスペリエンスを支えている。たとえば、アソシエートの報酬は、仕事の質と量、財務業績によって決まる。勤務査定は年二回で、同僚やスポンサーによって評価される。

その評価結果は報酬決定委員会——社内には職能ごとに約一五の委員会が設置されている——にも伝えられ、同委員会はアソシエートたちを、職能別に最上位から最下位までランクづけする。アソシエートのランクは、個人的な業績だけでなく、事業への貢献度によっても決まる。

社外の給与水準を考慮しつつ、ランキング最上位のアソシエートには最下位の者よりも多くの給与が支給される。これは、社内的には公平性を保ち、社外的には競争力を強化することが目的である。

仕事を具体的に定義してほしいと望む者は、個人のオーナーシップとやる気を重視する同社のやり方を嫌うだろう。多少あいまいなところがあっても、高く報われる環境を好む人ならば出世の見込みがある。

原則④ストーリーを共有する

ＭＢＡの学生たちが聞きたがる伝説の一つに、ゴールドマン・サックスの人材募集に関するシグニチャー・エクスペリエンスがある。世界中のビジネススクールで、採用が内定するまでに六〇回の面接を受けたというＭＢＡ学生の話が、一つの伝説となって受け継がれている。

この話はいわゆる都市伝説ではない。同社の採用選考は、膨大な労力と資源を要する耐久性実験さながらである。ある年の例では、約五〇〇〇人の応募者が一人当たり一〇人、成績上位の二五〇〇人が一人当たり三〇人以上の面接を受けている。したがって、ゴールドマン・サックスでは、社員の採用面接に延べ一〇万時間以上を費やしていることになる。

際限がないように思える同社の面接は、GMAT（ビジネススクール入学希望者の一般知識を測定するテスト）や応募書類と違い、求職者の知的能力や職歴を探り出すことが目的ではない。このプロセスは、社内での共同作業や人間関係を特に重視する同社の姿勢を反映したものであり、その人の入社後を予想するための手段なのだ。

ゴールドマン・サックスでは、個人が花形として活躍する余地はない。人々と会話し、新しいパートナーと出会うことを楽しめる者こそ、良好な人間関係と強い協力関係を築くことができるというのが同社の信条である。

スターバックスの従業員にも、伝えるべきストーリーがある。同社では、バリスタ（ここでは店舗スタッフのこと）を募集する際に、外向的な性格と優れた社交術を兼ね備えた人材を求める。これらの特性を伝え、顧客サービスに精通した人材に働いてもらうために、店舗内でのOJTが義務づけられていることについて、応募者全員に説明する。

また、本社勤務者を含む、新入社員全員を対象に、「ファースト・インプレッション」と呼ばれる二四時間の有給トレーニングが実施される。このカリキュラムでは、コーヒーについて学び、顧客を満足させる経験を提供することに重点が置かれている。引き続き行われる店舗でのOJTでは、飲み物のつくり方、接客、フロア業務について学ぶ。

スターバックスの従業員たちは、社内のどこで働くことになろうと、この体験が欠かせないと述べている。「店舗で何週間も働くのはごめんだ」という理由で早々に脱落する人がいると、その話は従業員の間に伝わっていく。研修をきっちりこなし、カフェラッテをつくった経験をすれば、だれもがその時のことを誇らしげに語るようになる。

原則⑤ 一貫性を追求する

シグニチャー・エクスペリエンスは、従業員たちに一貫したメッセージを送るプロセスによって、強化されなければならない。我々の調査から、従業員のやる気が低下する原因の一つは、仕事をしているなかで、当初聞いていたことと実際が食い違っていた場合であることが判明した。事実我々も、入社半年の人が「こんなはずじゃなかった」と漏らすのを何度も聞いている。

我々は数年前、ある大企業から、入社後のオリエンテーション研修の見直しを依頼された。経営陣は当時、そのプロセスが原因で人々が興味を失い、優秀な人材が集まらないと感じていた。

我々が詳しく調査したところ、オリエンテーション研修には問題はなく、同社の厳しい規律と厳密な管理体制に原因があった。問題は、それ以前の段階、つまりリクルーティングにあった。同社は求職者たちに、刺激とイノベーションにあふれ、勤務体系も柔軟な職場であるとアピールしていたのだ。

実際、同社の職場環境はけっして悪くなかったが、将来有望な人材を育てるにしても、だれがその対象なのかもはっきりしておらず、当てがう仕事も魅力に欠けていた。したがって、人材募集におけるうたい文句を変更するか、職場経験を変えてやる必要があった。

ホール・フーズでは、前述したとおり、チーム・メンバーが採用の可否を決めているが、このプロセスを支援するために、やはりチームを基本単位とした給与制度や報奨表彰制度、昇進基準を利用している。こうして、従業員の経験全体を構成する要素すべてに整合性を図っているのだ。

ゴールドマン・サックスの場合も、協力体制と「一つの企業」としてのメンタリティを重視していることを、昇進制度など、さまざまな方法で支援している。その際、個人の能力だけでなく、企業文化への貢献度も考慮される。各部門の責任者だけでなく、全社を代表する責任者が、これらパートナーの評価と選考に参加する。

原則⑥臆することなく、おのれの信念を貫く

たとえ大企業であっても、万人受けに走る必要はない。むしろ避けるべきだ。シグニチャー・エクスペリエンスの中身がどうであれ、企業文化にふさわしく、目指す目標に興味を示す人材を引きつけることは十分可能である。

一方、自社の採用条件がすべての人たちに魅力的とは限らないことも理解すべきである。たとえばエクソン・モービルは、規律の厳しい環境にだれもが適応できるわけではなく、

入社しても早々に辞める人が多いことも承知している。

同社の要求水準は高い。安全が最優先される業界ゆえに、従業員は所定の報告手順とセキュリティに関する厳しい規則を遵守しなければならない。ところが興味深いことに、入社五年目以降の従業員はほとんど辞めておらず、きわめて高いやる気を持ち続けている。

厳しい規律の下で働くという経験をより効果的にアピールする方法があるはずだが、やる気と生産性を長期的かつ高い水準で維持できる人材を確保するに当たって、エクソン・モービルのシグニチャー・エクスペリエンスはきわめてパワフルであり、しかも求心力を兼ね備えている。

同社経営陣は、自分たちの厳しい規律を冷静に受け止めている。早期に辞めていった人たちについて、「スーツがきつすぎた」という表現を使うが、この言葉は、エクソン・モービルで働くという経験は、個人の嗜好に左右されるものではなく、離職もしかるべき選択肢の一つであるという、婉曲だが、力強いメッセージといえる。

従業員たちの人生の各ステージに応じて、自社のシグニチャー・エクスペリエンスを変える必要はないというのが、経営陣の考えである。これによって、揺るぎない規律の下で業務にいそしむという経験を提供するプロセスを、細心の注意によって守っている。

同社は最近、確定給付年金から確定拠出年金への制度変更を検討した。今日、従業員の意向を踏まえて確定拠出年金を選ぶ企業が多い。ところがエクソン・モービルは、確定給付年金によってもたらされる安心のほうが、これからも末永く働いてほしい従業員たちの価値観に合っているという結論を下した。

＊　＊　＊

その組織で働くという経験が従業員の期待を裏切ることなく、組織と従業員の価値観とタイプが一致すれば、従業員は長期にわたってやる気を損なうことなく、会社に貢献してくれるだろう（**章末**「やる気を育てる要素」を参照）。

しかし、八方美人的な経験を狙えば、会社と採用予定者の双方が失望することになる。来たるべき人材争奪戦に向けた最良の戦略は、片っ端から人材をかき集めることではない。結局は、離職率の上昇、採用と研修にまつわるコスト増、従業員のやる気と生産性の低下といった悲惨な結果を招くだけだ。

それよりも、その職場で働くことに興味を示し、高いやる気と忠誠心を持って会社に利益をもたらしてくれる人材に選ばれる企業であることを、入社してほしい求職者たちに確信させることが賢明といえる。

やる気を育てる要素

働き者の従業員を育成するには、以下の条件を満たす必要がある。

・長きにわたって生産性の高い人材はどのようなタイプであるか、包括的に理解していること。たとえば、どのようなスキルの習得を望んでいるのか、どのような職業観の持ち主なのかなど。

・シグニチャー・エクスペリエンスが具体的に定義され、周知徹底されており、その結果、自社の特性と価値観が採用予定者と従業員たちにきちんと伝わっていること。

・従業員たちは同じような経験をしていること。職場環境を構成する要素のなかに、「この職場で働きたくない」と感じるようなものがあってはならない。

第8章 Beyond Theory Y

Y理論は万能ではない

元カリフォルニア大学ロサンゼルス校経営大学院 教授
ジョン J. モース
John J. Morse

ハーバード・ビジネススクール 教授
ジェイ W. ローシュ
Jay W. Lorsch

John J. Morse
元カリフォルニア大学ロサンゼルス校経営大学院教授。本稿で紹介する調査の一部は、モースがハーバード・ビジネススクール在学時に、博士論文執筆のために実施したものである。ローシュとの共著書に*Organizations and Their Members: A Contingency Approach,* Harper & Row Publishers Inc., 1974.（邦訳『組織・環境・個人：コンティンジェンシー・アプローチ』東京教学社、1977年）がある。

Jay W. Lorsch
ハーバード・ビジネススクール教授。執筆当時はハーバード・ビジネススクール准教授（組織行動学）。ポール・ローレンスとの共著書に*Organization and Environment: Managing Differentiation and Integration,* Harvard Business School Press, 1967.（邦訳『組織の条件適応理論』産業能率短期大学出版部、1977年）などがある。

"Beyond Theory Y"
Harvard Business Review, May 1970.
初出「Y理論は万能ではない」
『DIAMONDハーバード・ビジネス・レビュー』2008年2月号

X理論とY理論

この三〇年間、マネジャーたちは、二つの対立する理論をさんざん聞かされてきた。それらは、人事と組織の問題に関するものである。

一つは、指揮命令系統をはっきりと決め、職務を明確に定義し、責任に見合った権限を与える必要性を訴えるもので、組織の古典学派と呼ばれている。もう一つは、社員のやる気が高まるように意思決定に参加させることが望ましいと主張するもので、参加型アプローチと呼ばれている。

ダグラス・マグレガーは、その有名な「X理論とY理論」で、モチベーションに関わる仮説を次のように区別した。この仮説は、先の二つのアプローチの基礎になるものだ（章末「X理論からZ理論へ」を参照）。

・X理論によれば、人間は生来、仕事することが嫌いで、組織の目標達成に向かって強制的に従わせ、管理し、命令しなければならない。さらにほとんどの人間が、責任を回避できるため、この方法で処遇されるのを好む。

・Y理論は、個人の目標と組織の目標を一致させることを論じている。平均的な人間は本質的に自分の仕事に関心があり、自律を望み、またしかるべき責任を求める。そして業務上の問題を独創的な方法で解決する能力があるという。

マネジャーたちが従うべきは、当然ながら後者のアプローチであるというのが、マグレガーの結論である。(注1)

このマグレガーの見解のせいで、相対立する二つのアプローチのどちらを選択すべきかに悩んでいるマネジャーたちは戸惑いを感じている。マグレガーがX理論と結びつけている古典的な組織マネジメントは、状況によっては有効だが、実際、マグレガー自身が指摘しているように、それがうまく機能しない時もある。同時にY理論に基づくアプローチも、ある状況では好ましい結果を生み出すが、常にそうであるとは限らない。

すなわち、どちらのアプローチも効果的な場合もあれば、そうではない場合もあるわけだ。これはなぜなのか。そしてマネジャー諸氏は、この悩ましい状況をどうすれば解決できるのだろうか。

X理論でもY理論でもないアプローチ

経営学や組織論を専攻する学生たちが著した最近の論文が、この疑問への答えになるかもしれない。(注2)これらの研究によれば、唯一最善の組織マネジメント論なるものはそもそも存在せず、むしろ業務の性格次第で最善のアプローチは変わるという。業務が一定で、きわめて予測しやすい企業では、古典的なアプローチが望ましく、すなわち公式に決められた手順と管理階層を特徴とした組織マネジメントのほうがうまくいく。

逆に、より広範な問題解決が必要とされる、きわめて不確実性が高い業務であれば、あまり公式に決めるべき部分は少なく、自己管理と意思決定への参画を旨とする組織マネジメントのほうが効果的である。

すなわち、これらの研究によれば、マネジャーは組織特性と業務特性がフィット(適合)するように組織を設計し、組織を育成しなければならない。

この新しいアプローチの結論は、ベテラン・マネジャーにすれば、うなずけるものであり、どちらのアプローチを選択すべきかについての迷いの大半は解消されるだろう。ところが、それでもまだ答えの出ていない問題が二つある。

厳格な管理志向の組織は、組織メンバーのやる気にどのように影響するのか。マグレガーはこの古典的アプローチを批判したが、そのうち最も有力な理由は、これでは企業が抱える人的資源の潜在能力を引き出せないというものであった。

同じく重要な点として、あまり厳格に管理しない組織は、常に組織メンバーに高水準のモチベーションを与えうるのだろうか。多くのマネジャーは、マグレガーの研究をそのように理解していた。

先般、我々はある調査に参加したが、それによってこれらの疑問に意外な答えが得られた。また、最近行われた他の研究と併せて検討してみると、Y理論を超える新たな仮説の存在が示唆された。我々はそれを発展させて、「コンティンジェンシー理論：業務、組織、人材のフィット」と呼ぶことにした。

この理論的仮説では、適切な組織パターンは、業務の性格および関与する人材におけるニーズによって異なる、つまり条件次第で変わること（コンティンジェンシー）が強く打ち出されている。この仮説を、Y理論を超える一歩と称しているのは、マグレガー自身も、おそらくY理論は近いうちに新しい知識に取って代わられるだろうと認識していたことによる。(注3)

ある大企業の工場と研究所の調査

我々は四つの組織に調査を試みた。このうち二つは、自動生産ラインで標準的な容器を高速生産する工場で、その作業は比較的一定していた。残りの二つの組織は、通信技術のR&Dという、やや不確実性の高い仕事に従事していた。

同じような作業に従事する二種類の組織だが、これら四組織はいずれも某大企業に属している。同社の経営陣によれば、どちらの業種においても一方はきわめて優れた業績を上げており、もう一方は劣っていると評価されていた。この調査の前提については、**図表1**「組織特性のフィット：業績が異なる二工場と二研究所の調査」にまとめている。

この調査の目的は、組織と業務のフィットが業績とどのように関連しているのかを分析することにある。つまり、組織特性と業務要件がうまく合致していると、個人のモチベーションは高まり、ひいては個人の業績と組織の業績も高まるのだろうかという疑問を検証することにある。

この問いへの答えを出すために、有効な方法がある。それは、個人には、企業組織の一員として従事する仕事も含めて、周囲の世界を理解したいという強い欲求があることを認

図表1◉組織特性のフィット：業績が異なる2工場と2研究所の調査

特性	部門1（不確実性が低い生産業務）	部門2（不確実性が高いR&D業務）
業績が高い	アクロン工場	ストックトン研究所
業績が低い	ハートフォード工場	カーメル研究所

識することである。(注4)

自分が従事している仕事や環境に慣れ親しみ、技能が向上することでもたらされる満足感の積み重ねを「センス・オブ・コンピタンス」(業務にまつわる能力やスキルを高めるセンス)と呼ぶ。

我々は、ある特定の業務を実行するなかで、このセンス・オブ・コンピタンスを感じる。組織特性と業務がフィットしていると、社員たちの心のなかに、どうして優れた業績を実現しようという動機が芽生えるのかを理解するうえで、この考え方は有益であると考えられる。

組織特性を定義する

調査対象となった四つの組織について、すでに本社経営陣が業績のよし悪しで評価していたため、この差が、組織特性と業務のフィットを判断する最初の糸口になるだろうと予想した。

ただしそのためには、その業務とフィットする組織特性はどのようなものなのかについて、まず明らかにしなければならなかった。そこで、組織特性を以下の二つの要素に分類した。

・**公式特性**（formal characteristics）：これは、現在取り組んでいる業務の種類と、組織において公式に決められた業務慣行のフィットを判断するために使われる。

・**環境特性**（climate characteristics）：これは、その職場で働く個人が抱いている主観的な認識であり、あるべき方向性のことで、効率的な組織では、この環境特性も業務とフィットしていなければならない。

これら四つの組織の約四〇人の管理職を対象に、質問票とインタビューによって公式特性と環境特性について評価し、各組織は、遂行すべき業務の種類とどれくらいフィットしているのかを判断した。また、各組織の社員たちが感じているセンス・オブ・コンピタンスについても評価し、組織特性の妥当性とセンス・オブ・コンピタンスを関連づけることにした。

組織特性と業務のフィット

本調査には、特筆すべき発見があった。それは、アクロン工場とストックトン研究所――どちらも優れた業績を上げている――との対比において顕著だった。前者は比較的確実性の高い生産業務であり、後者は比較的不確実性の高いR&D業務というように、それぞれ業務がきわめて異なっている。

先に述べたように、業務を効果的に遂行するには、組織特性に大きな違いがあるはずだと我々は予想した。そして、まさしくその点が調査によって明らかになったことだった。しかしそれだけではなく、高業績組織はそうではない組織よりも、組織特性と業務のフィットが高いことも判明した。

本稿の主たる目的は、組織特性と業務のフィットがモチベーションとどのように関係しているのかを探ることだが、その前に、四組織の組織特性について十分に掘り下げておきたい。そうすれば、組織特性と業務のフィット、そしてそれによってどのように効果的な行動が導かれるか、より理解できるだろう。

したがって、業績が優れた組織、すなわちアクロン工場とストックトン研究所の比較が中心となるが、業績が劣っている組織、ハートフォード工場とカーメル研究所の比較についても言及する。

公式特性

公式特性の違いから手をつけたところ、アクロン工場もストックトン研究所も、業績が劣る他の二組織よりも、業務とのフィットが高いことが判明した。不確実性が低い製造業の執務環境、すなわちアクロン工場の場合、組織構造がはっきりしており、業務上の人間関係と職務が正確に定義されていた。

一方、不確実性が高いR&D業務に従事するストックトン研究所の場合、組織構造は柔軟であり、業務上の人間関係も各人の職務もそれほど厳密に定義されていなかった（**図表2**「業績が優れた組織の公式特性の違い」を参照）。

アクロン工場では、公式に決められたルール、手順、管理方法はあまりに具体的かつ包括的であったために、あるマネジャーは思わず次のように発言したほどである。

「ここでは『トイレを洗うのにどれくらい洗剤を使うのか』から、『工場から死体を運び出すにはどうしたらよいか』まで、どんなことにもすべてルールがあるのです」

対照的にストックトン研究所では、公式に定められたルールは最小限にとどめられており、しかも緩やかで柔軟である。ある研究員

図表2◉業績が優れた組織の公式特性の違い

	特性	アクロン工場	ストックトン研究所
1	組織図や作業マニュアルに記される、業務上の人間関係と職務のパターン	理路整然とした組織構造で、正確に定義される。	組織構造は厳格でなく、あまりはっきり定義されていない。
2	公式に規定されたルール、手順、管理、業績評価システムのパターン	全体に行き渡り、具体的で、均一かつ包括的である。	最小限で、緩やか、柔軟である。
3	実作業の時間	短期的	長期的
4	実作業の目標	製造	科学

に「ルールをもっと厳しくすべきかどうか」を尋ねてみたところ、次のような答えが返ってきた。

「朝から晩までナットにネジをはめるような仕事であれば、ルールや個々の作業についてもっと決めておくべきでしょうね。しかし、ここで働いている人たちは新米ではないのです。我々はプロフェッショナルであり、厳密な監督が要求される類の労働者ではありません。ここで働く者はたしかに何かを生み出しますが、リラックスした環境にいるからこそ、何かを生み出せるのです。それでうまくいっているのだから、あえて何かする必要はないと思います」

このような公式特性の違いは、二つの組織の業務が異なっているからであり、それぞれの業務にフィットしている。すなわち、アクロン工場のような高度に構造化され、公式に決められたやり方は、不確実性の低い業務にフィットしている。というのも、自動化された高速生産ラインの周囲では、作業は厳密に定義され、制御されていなければならないからである。

実のところ、この工場のルーチンとプログラム制御された業務を達成する方法は一つしかない。管理者たちはこれらの業務を正確に定義し、工場の公式のやり方に従って作業員一人ひとりについて作業の遂行を徹底させていた。

一方、ストックトン研究所のきわめて柔軟なやり方は、アクロン工場同様、理にかなったものだった。研究所で必要とされる活動は、とにかくあらかじめ定義できるものではない。したがって、通信技術の研究という、予想が難しく絶え間なく変化する業務の場合、これを効果的に遂行させるためのアプローチは一つではない。その結果、ストックトンのマネジャーたちは、公式の決まりごとは緩やかなものに、変化しやすい状況に、研究者たちが自由に対応できるような組織を設計していた。

アクロン工場のやり方は、製造活動固有の短期的な問題にきわめてうまく対応していた。たとえば、業務日報が義務づけられ、また業務反省会が毎日開かれていたが、どちらも製品のスループット・タイム（全生産工程にかかる時間）は数時間にすぎないという現実に即したものだった。

一方ストックトン研究所のやり方は、R&D活動固有の長期的な問題に対処したものだった。公式のリポートと報告会議は四半期に一度のみであるが、これは三年ないし五年経たないと、研究成果は出てこないという事実を反映していた。

これら二組織よりも業績が劣るハートフォード工場とカーメル研究所では、組織の公式特性と業務のフィットが低かった。たとえば、ハートフォード工場のやり方はアクロン工場のそれほどにはきちんとしたものではなく、制御されてもいなかった。また、カーメル研究所のやり方はストックトン研究所よりも管理的で、制限が多かった。

カーメル研究所のある研究者は、次のようにコメントしている。「ここには、我々の研究者魂を妨げる何かがあります。はっきりこれだと言えないのですが、レベルが低いとでも言いましょうか。研究者の仕事をじゃまするものや決まりがあるのです」

環境特性

公式特性と同じく、業績の高いアクロン工場とストックトン研究所の組織環境は、業績の劣るハートフォード工場とカーメル研究所のそれよりも、業務とフィットしていた。

①組織構造について

アクロン工場で働く従業員たちは組織構造をわかっており、行動は厳しく管理され、定義されていると感じていた。工場のあるマネジャーは次のように語った。

「無人のまま生産ラインを動かすわけにはいきません。そのような事態になったら、そのたびに赤字ですからね。ですから、各人にそれぞれの作業について理解させなければなりません。また、休憩時間はいつか、シフトが変わったらどうするかなども、入社第一日目に説明されます」

対照的にストックトン研究所の研究者たちは、組織構造をあまり意識せず、最小限のルールに従うだけだった。組織をあまり意識しなくてよいという環境は、個人主義的だが独創的な行動を促す。ただしそれは、不確実性が高く、絶え間なく変化するR＆D業務には必要不可欠なものでもある。

業績面で劣るカーメル研究所の研究者たちは、組織構造を強く意識せざるをえない環境で働いていた。それがじゃまになっており、実のある研究を困難にしているという不満を漏らしていた。

②影響力の伝わり方

アクロン工場とストックトン研究所は、影響力がどのように伝わっていくのかという点でも、上司と部下の関係、同僚の関係という点でも大きく異なっていた。

アクロンの従業員たちはストックトンの研究者たちよりも、自分たちが意思決定に影響を及ぼす力ははるかに少ないと感じていた。アクロンの業務は具体的に定義され、それらはある意味では生産プロセスそのものにも反映されていた。したがって、作業工程に関する決定に個人が口を挟む必要はあまりなかった。

さらにアクロンでは、影響力は組織の上層部に集中していると感じられていたが、ストックトンでは、影響力は各階層に均等に分布していると感じられていた。アクロンの従業員は、上司と比較した場合、どのような業務を選択するのか、その業務にどのように取り組むのかについて自由度が低いと感じていた。工場での監督は、比較的上意下達であると表現した。

一方ストックトンの研究者は、業務やプロジェクトの選択についても、それにどのように取り組むかについても、かなりの自由度が与えられていると感じていた。彼らは研究所の管理は参加型であると表現した。

業績が劣るカーメル研究所では、意思決定の多くは上層部が下していた。これは注目に値する。このため、研究者たちは、プロジェクトの選択に当たって自分の専門知識は十分活用されていないと感じていた。

③他者（上司、部下、同僚）との関係

アクロン工場の従業員たちは、自身のバックグラウンドや職歴、業務上の問題への取り組み方において、互いに似通っていると感じていた。従業員それぞれが、周囲に協力しようとする努力もきわめて高いと感じていた。アクロンの業務は厳密に定義され、従業員たちの行動も生産ラインに基づいて厳格に管理されているため、このパターンが理に適っていることは容易に理解できる。

一方ストックトンの研究者たちは、特に学歴や専門分野の面で、自分と同僚たちはずいぶん違っていると感じていただけではなく、協調し合うことは比較的少ないとも感じていた。これは、多種多様な専門分野とスキルの持ち主が集まっており、また技術的な問題を解決するうえで、個人のプロジェクトが重要である研究所では適切な関係であった。

④時間について

我々が予想したように、アクロンの従業員たちは、比較的短い期間のなかで生産目標に従って活動していた。彼らは、工場で生産される製品の質とサービスに関するフィードバックを受けると、これに素早く対応した。これは、彼らの業務の性質を考えれば、きわめて大切なことだった。

ストックトンの研究者たちは、長い期間のなかでR&D上の目標に従って活動していた。つまり、数年以上かかるかもしれない研究プロジェクトであり、いつ得られるかわからないフィードバックを待つこともやぶさかでないということである。

「ここで働いているのは、日々『頑張れよ』と肩を叩いてもらえないと、やる気が出ないというタイプの人たちではありません。同僚や専門家からフィードバックをもらうのに、必要とあれば何カ月でも待てます。私はあるプロジェクトに取り組み始めて、かれこれ数カ月になりますが、それが一体どうなるのか、まだ見えません。ですが、いっこうにかまいません」

これこそ、この種の業務を成功させる決め手となる行動であり、態度といえよう。

⑤経営陣の経営スタイル

最後に、アクロン工場でもストックトン研究所でも、ＣＥＯの経営スタイルは社員や人間関係よりも業務上の関心事を反映していると感じられていたが、このことはどちらの業務にも当てはまるものだろう。

アクロン工場では、技術の重要性が高い。したがって、トップの経営行動が業務を軽んじていたら、業績の足を引っ張っていたかもしれない。ストックトン研究所の業務には、個人的な問題解決行動が欠かせない。このような行動は、所長が幹部たちの関心を全体的なR&D業務に集中させていない限り、ばらばらで協調に欠けるものになっていたことだろう。研究者の個人主義的な傾向を考えると、これは協調努力を導くうえで非常に重要である。

以上、二つの高業績組織の環境特性の違いは、**図表3**「業績が優れた組織の環境特性の違い」にまとめている。公式特性と同じく、業績が劣るハートフォード工場とカーメル研究所の環境特性は、業務とのフィットが目に見えて低かった。

たとえばハートフォードでは、影響力は平等主義的に分布していた。柔軟な構造と見なされ、参加型の管理がなされていた。かたやカーメル研究所では、影響力は上層部に集中し、研究員たちからは厳格な組織構造と認識され、上意下達の監督がなされていた。

図表3◉業績が優れた組織の環境特性の違い

	特性	アクロン工場	ストックトン研究所
1	組織構造について	厳密に管理された行動ときっちりした組織構造という認識	緩やかな組織構造という認識
2	影響力の伝わり方	影響力は全体的に小さく、組織の上層部に集中しているという認識	影響力は全体的に大きく、階層のすべてに均等に分布しているという認識
3	上司と部下の関係	仕事の選択と対応に関する自由度は、監督者と比較して低い。上意下達の管理	プロジェクトの選択と対応に関する自由度は、上司と比較しても高い。参加型の管理
4	同僚との関係	互いに似通っており、業務をうまく調整しているという認識	多様性が高く、互いに調整することは少ないという認識
5	時間について	短期的	長期的
6	目標について	製造	科学
7	経営陣の経営スタイル	人材より業務への関心が高い	人材より業務への関心が高い

センス・オブ・コンピタンスへの動機を測定する

アクロン工場とストックトン研究所は組織特性が異なるために、職場の雰囲気も際立って異なっていた。ただし、両組織にはきわめて重要な共通点が二つあった。

第一に、どちらの組織もその業務とフィットしていた。第二に、これら二つの組織は、行動こそ異なるものの、両者とも優れた業績を収めていた。

先に示したように、本調査における第一の関心は、組織と業務がフィットしていると、優秀な業績を収めたいという動機にどのような影響を及ぼすのか、その関係性を探ることである。

そこで、センス・オブ・コンピタンスを欲する動機について測定するために、両組織の社員たちに向けて、次のような二部構成のテストを実施した。第一部では、いったい何かはっきりしない、あいまいな絵を六枚見せて、回答者に独創的な話を創作してもらった。第二部では、自分の業務について、明日は何をし、何を考え、何を感じているだろうか、同じく独創的な話を創作してもらった。

このような物語には、回答者の態度や見解、感情、ニーズ、欲求が投影されると想定される。これは「投影法（あるいは投射法）テスト」と呼ばれる心理テストで、その物語からそれぞれについて評価できる(注5)。

その結果から、アクロン工場とストックトン研究所の社員は、業績面で劣っているハートフォード工場やカーメル研究所の社員よりも、センス・オブ・コンピタンスが高いことが示された(注6)。

組織と業務がフィットしていると、個人のやる気や業務のパフォーマンスが高まることが、またそこには相関性があることが判明した(**図表4**「基本的なコンティンジェンシー関係」を参照)。

このような結論が出ると、因果関係について疑問が浮かんでくる。すなわち高業績は、業務と組織のフィットによるものなのか、それともやる気から来るものなのか、あるいはその両方なのか。また、センス・オブ・コンピタンスへの動機が強いのは、組織の業績が

図表4◉基本的なコンティンジェンシー関係

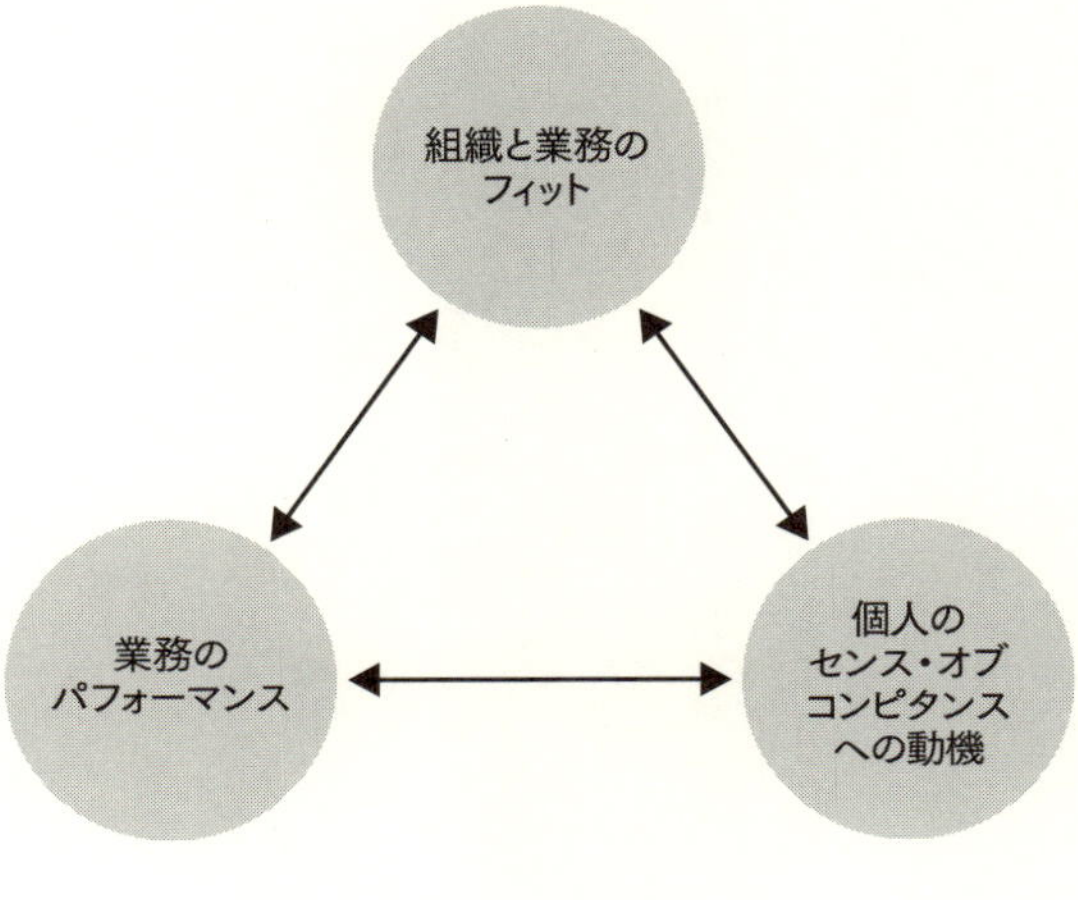

優れているからか、業務と組織がフィットしているからなのか。

これらの疑問への答えは、そこには特定の因果関係が存在しているからではなく、これらの要素は互いに影響し合っていると考えられる。このことは、マネジメントに関する理論と実践に決定的な影響を及ぼす。

コンティンジェンシー理論で考える

さて、ここでマグレガーのX理論とY理論の仮説に戻る。これら四組織の調査結果を踏まえることで、彼が出した結論のいくつかについて、その有効性を問えるようになった。

Y理論は、二研究所での調査から明らかになった点を説明するうえでは役に立つが、二工場での調査を説明するにはX理論やY理論以外の仮説が必要なのは明らかである。たとえば、アクロン工場の管理者たちは、きっちり設計された組織で、意思決定に参画する機会は比較的少ない環境で働いていたが、やる気が非常に高かった。

X理論によれば、そのような環境で一生懸命に働くのは、無理やりそうさせられているからでしかありえない。一方Y理論によれば、それほどやる気があるならば、意思決定に参加し、自主性も与えられるはずである。アクロン工場に関するデータに、両理論の正当性を示すものはなかった。

業績が劣るハートフォード工場のマネジャーたちは、ある程度ルーズで、意思決定への参画度の高い組織で働いていたが、アクロン工場のマネジャーたちほどモチベーションは高くなかった。Y理論に従うならば、彼らはもっとやる気があってしかるべきだろう。

この矛盾を解決するには、新たな仮説を打ち立てる必要がある。そのよりどころとなるのがコンティンジェンシー理論であり、四組織への調査から判明したことを説明できるだろう。

・人間の欲求と動機によって組織のパターンは変わってくるが、その中心的な欲求はセンス・オブ・コンピタンスを味わうことである。
・センス・オブ・コンピタンスを欲する動機は、どのような人間にも存在する。しかしこのニーズがどのように満たされるかは、権力へのニーズ、依存へのニーズ、組織構造へのニーズ、達成へのニーズ、連携へのニーズなどの度合いによって、各人各様である。
・センス・オブ・コンピタンスを欲する動機は、業務と組織のフィットが高い場合、最も満たされる可能性が高い。
・センス・オブ・コンピタンスは一度満たされても、これで満足することはない。つまり、ある目標を達成すると、次の一段と高い目標が設定されるからである。

以上のポイントは、すでに説明した本調査の要旨から明らかだが、少々補足しておきたい。第一に、ニーズは人によって異なるという考え方は、心理学者がよく理解しているところだが、マネジャーは、どの社員のニーズも同じであると思い込みがちである。同じ間違いを犯して非難されないために、ここでは「どのような人間にも、センス・オブ・コンピタンスを感じたいというニーズがある」と述べるにとどめよう。この一点において、どの人間も同じである。しかしそれ以外は、個人個人で異なる。そしてこれらが異なるからこそ、どのようにセンス・オブ・コンピタンスを感じるかも異なる。

このように、アクロン工場の従業員たちとストックトン研究所の研究者たちを比較してみると、たとえば不確実性、権限、同僚との関係に対する態度がまったく異なっていた。また、これらの要因に応じてニーズも変わってくるため、業務や環境が違っていても、両組織ともきわめてモチベーションが高かったのである。

異なる環境で働く人々の心理構造がどのように違うのか、さらに掘り下げて調べてみる必要はある。とはいえ、コンティンジェンシー理論が提起しているのは、組織と業務をフィットさせるだけでは不十分であり、業務と人材、そして人材と組織をフィットさせなければならない点である。

もう一つ説明が必要なのは、センス・オブ・コンピタンスに限界はないという点である。このニーズが満たされるのは、業務遂行に成功すること自体によってであり、目標に到達しても、そこへの動機が弱まることはない。このように、センス・オブ・コンピタンスは業績によって補強されるため、給与や福利厚生制度よりも一貫性があり、信頼できる動機づけ要因となりうる。

マネジャーが考えるべきこと

マネジャーにとって、コンティンジェンシー理論が意味することは、業務と組織と人材のフィットに尽きる。これら三つの相互関係は複雑とはいえ、おそらく業務と人材に合わせて組織を構成するのが最も賢明だろう。

これら三つをフィットさせることができれば、優れた業績とセンス・オブ・コンピタンスへの動機が高まるだろう。その第一歩として、業務の不確実性はどれくらいか、業績へのフィードバックはどれくらいの頻度で与えられるのか、業務の潜在的な目標は何なのかについて検討するとよい。これらの回答を指針として、組織階層の設計、具体的な業務、報酬と管理手順を決定する。また、ふさわしい研修制度を選択し、適切な経営スタイルを徹底させれば、業務と組織のフィットはさらに深まるだろう。

業務と組織と人材のフィットについて、我々の知識は十分ではない。すでに述べたとおり、さまざまな業務や組織において、どのような人材がふさわしいのか、さらなる研究が必要である。

ただし、限られた知識をもってしても、人間には、自分の個性にフィットした組織にだんだんと引き寄せられていく傾向が見られる。そこで、その業務と組織に最もフィットする心理的ニーズとは何かを念頭に置き、そのニーズを踏まえた人選の基準を設定するとよい。そうすれば、ふさわしい人材をより集められるようになるだろう。

業務と組織と人材のフィットについて考えることで、我々はどちらの組織的アプローチ、すなわちX理論による古典的アプローチか、Y理論による参加型アプローチを選ぶべきかという疑問への答えを導き出した。

さらに我々は、新たな疑問を提起することになった。すなわち、業務と人材について考えた時、最も適切なのはどの組織的アプローチなのかである。若手社員がより自律的に行動することがますます求められており、また社会や技術の変化も急である。これらの点を踏まえる限り、多くの企業においては、参加型アプローチのほうが適切かもしれない。

ただし、依然として管理的で公式的な組織のほうが望ましいという状況も数多く存在する。そのような組織だからといって、必ずしも強制や懲罰が必要とは限らない。欲求や職務を鑑みて、それが当事者にとってふさわしいものであれば、組織は自分の働きに報い、モチベーションを高めてくれるところだと気づくだろう。

以上の説明が複雑なのは、我々の責任ではないことをご理解いただけるだろう。これまでのアプローチの基本的な欠点は、この複雑性の原因である業務と人材の多様性を認識していなかったことである。

本稿で概説したコンティンジェンシー理論の強みは、この複雑性を無視するのではなく、複雑性を考える第一歩を提供していることである。この分野における我々の知識は今後拡大していくだろうが、現段階で確信しているのは、業務、組織、人材という三つの関係は状況適応的であることを踏まえていなければ、適切なモチベーション理論、適切な組織論とはいえないということだ。

＊　＊　＊

【注】

（1）Douglas McGregor, *The Human Side of Enterprise*, McGraw-Hill Book Company, Inc., 1960. pp.34-35 and pp. 47-48.（邦訳『企業の人間的側面』産業能率大学出版部、一九七〇年）

（2）Paul R. Lawrence and Jay W. Lorsch, "Organization and Environment," Harvard Business School, Division of Research, 1967., Joan Woodward, *Industrial Organization: Theory & Practice*, Oxford University Press, 1965., Tom Burns and G. M. Stalker, *The Management of Innovation*, Tavistock Publications, 1961., Harold J. Leavitt, "Unhuman Organizations," *Harvard Business Review*, July-August 1962.

（3）McGregor の前掲書 p.245.

(4) Robert W. White, "Ego and Reality in Psychoanalytic Theory," *Psychological Issues*, Vol. III, No. 3, International Universities Press, 1963. を参照。
(5) この調査の詳細については John J. Morse, "Internal Organizational Patterning and Sense of Competence Motivation," Harvard Business School, 1969.(未刊行博士論文)を参照。
(6) 二つの容器製造工場の差は〇・〇〇一の水準で、二つの研究所の差は〇・〇一の水準で有意である(片側検定の有意確率)。

X理論からZ理論へ

X理論とY理論は、アメリカの社会心理学者であるダグラス・マグレガー(一九〇六~一九六四年)により、その著書『企業の人間的側面』(産業能率大学出版部、一九七〇年)のなかで提唱されたものである。

X理論とY理論は、人の働き方に対する二つの見解を表しており、二つの対照的なマネジメント・スタイルをも意味している。

X理論は言わば「性悪説」であり、たいていの人間は怠け者で、働くことを嫌い、彼らから成果を引き出すにはアメとムチを使い分けなければならないという。たいていの人間が基本的に未熟で、しかるべき方向を示してやる必要があり、責任を負う能力がないと仮定している。

したがって、X理論によるマネジメント・スタイルでは、具体的に規定された仕事を与え、たえずしっかりと監督する必要があることになる。また、人々を動機づけるには、懲罰をもって脅すか、賃金を上げることを約束するというやり方になる。マグレガーによれば、部下の不信感や敵意を招きかねない独裁的なスタイルになる。

逆にY理論は性善説であり、人間には実は働きたいという心理的欲求があり、達成感と責任感を求める成熟した大人であるという前提に立っている。この考え方によれば、マネジャーと従業員の間により協力的な関係をもたらす可能性がある。Y理論のマネジメント・スタイルは、個人の欲求や目標が企業目標につながり、調和するような労働環境を確立しようと努めるものになる。

『企業の人間的側面』においてマグレガーは、Y理論があらゆる問題の万能薬ではないと認めている。彼はこのような概念にスポットライトを当てることによって、人間の可能性を制限するX理論の考え方をマネジメントが放棄し、Y理論で示される手法を考慮に入れることを望んだのである。「欲求五段階説」で知られるアブラハム・マズローは、マグレガーに私淑しており、X理論とY理論を強く支持していた。(注7) そこで、彼はY理論をカリフォルニアのエレクトロニクス工場で試してみた。ところが、これはうまくいかず、何らかの方向づけや仕組みが必要であることを発見した。マズローはこの後、X理論による安全確保と方向づけの要因を取り入れた改良版Y理論を提唱した。

またマグレガーは晩年、X理論とY理論には矛盾点があるという批判に応え、それを解決する一歩進んだ理論を開発し始め、この理論を「Z理論」と呼んだ。これは、人間は経済的安定を確保すると、金銭的報酬の重要性が低下し、称賛や尊敬を勝ち取ること、成功や自尊心が重視するようになるという考え方だが、これを確立する前に他界してしまう。

一九七〇年代になり、日本的経営の研究がさかんになると、日本企業の従業員の生産性がなぜ高いのか、X理論でもY理論でも説明できないことから、ウィリアム・オオウチが八一年、新生Z理論として『セオリーZ』(注8)を上梓し、日本的経営の特徴である「終身雇用」「コンセンサス重視」「集団責任制」など、労働者に高い生産性と動機づけをもたらすと説いた。

【注】

(7) Abraham H. Maslow, *Maslow on Management*, Wiley, 1998.(邦訳『完全なる経営』日本経済新聞社、二〇〇一年)を参照されたい。

(8) William G. Ouchi, *Theory Z*, Addison-Wesley, 1981.(邦訳『セオリーZ』CBSソニー出版、一九八一年)

[参考文献]『世界を変えたビジネス思想家』ダイヤモンド社編訳、ダイヤモンド社、二〇〇六年

第９章 The Uncompromising Leader

本物のリーダーは社員と業績を秤にかけない

元ハーバード・ビジネススクール 教授
ラッセル A. アイゼンスタット
Russell A. Eisenstat

ハーバード・ビジネススクール 名誉教授
マイケル・ビアー
Michael Beer

元マッキンゼー・アンド・カンパニー パートナー
ナサニエル・フット
Nathaniel Foote

チャルマーズ工科大学 研究員
トビアス・フレッドバーグ
Tobias Fredberg

チャルマーズ工科大学 教授
フレミング・ノーグレン
Flemming Norrgren

Russell A. Eisenstat
元ハーバード・ビジネススクール教授。

Michael Beer
ハーバード・ビジネススクール名誉教授。

Nathaniel Foote
マッキンゼー・アンド・カンパニーの元パートナー。

Tobias Fredberg
スウェーデンのチャルマーズ工科大学の研究員。

Flemming Norrgren
スウェーデンのチャルマーズ工科大学の教授。専門はプロジェクト・マネジメント論。

アイゼンスタット、フット、フレッドバーグ、ノーグレンの４人は、トゥルーポイント・センターのフェロー、またトゥルーポイント・パートナーズのコンサルタントとして、ＨＣＨＰ組織の構築を支援している。

"The Uncompromising Leader"
Harvard Business Review, July 2008.
初出「本物のリーダーは社員と業績を秤にかけない」
『DIAMONDハーバード・ビジネス・レビュー』2009年2月号

社員重視か業績優先か

社員の士気を高めながら、優れた業績を実現する——。それには、難しい手綱さばきが要求されるが、これはリーダーにとってきわめて重要な務めである。

生き馬の目を抜くようなグローバル市場において、優れた価値を顧客に提供できない限り、繁栄はおろか生き残りすらかなわない。その意味で、企業は経済活動を柱とする組織であるといえる。しかしその半面、社員たちにすれば、生活の糧を得る場であり、また社会的な性格を持ち合わせる集団でもある。

ところが、リーダーたちはたいてい、どちらか一方の側面にしか目を向けない。実際多くの経営者たちが、資本市場からの厳しい要求のために、株主の顔色ばかりうかがっている。これでは、社員たちを幻滅させるばかりか、長期にわたって価値提供をしていくはずの力もそがれてしまう。

一方、大きな市場シェアを獲得している企業、あるいは規制に守られている企業は、社員や、社風、過去の遺産を大切にするあまり、ぬるま湯から出られず、内向き思考が強まり、競争力を失いがちである。

しかし、なかには、業績と社員のいずれも犠牲にすることなく、このジレンマを解決しているリーダーたちが存在する。社員たちの熱意や貢献をうまく引き出しながら、痛みを伴う大変革を成し遂げ、将来の繁栄への布石を打っている。

例として、ディーゼル・エンジン・メーカーであるカミンズの会長兼CEOを務めるセオドア・M・ソルソを取り上げたい。彼は、二〇〇〇年にCEOに就任すると、すぐさま自社のミッションを明らかにし、企業理念を再確認するために、世界規模でプログラムを展開した。

カミンズは多額の負債を抱えていたうえ、ソルソがCEOに就任して半年すると景気後退が始まり、その影響を受けて、二〇〇三年上期まで逆風続きだった。主力市場の需要は七二パーセントも落ち込んだ。

そこで、ソルソ率いる経営陣は、生き残りには「大がかりな手術」が不可欠であると判断した。発祥の地であるインディアナ州コロンバスの第一号工場を閉鎖し、トラック用エンジン事業のリストラクチャリングや、大規模なレイオフにも踏み切った。

どのような企業で働いていようと、同じ釜の飯を食べてきた同僚たちが解雇されて去っていく姿を見るのは、だれしもつらいものである。カミンズの社員たちも同じだった。それでもソルソの指揮の下、ミッションや価値観に従い、人員整理のさなかにあっても、熱心に新しい技術を身につけ、新製品や新サービスの開発に取り組んだ。

ソルソと経営陣は、さらなる解雇を避けるためにも、景気の影響を受けにくい流通やサービスなどの分野に戦略の軸足を移そうと決め、残った社員たちの支持を取りつけた。カミンズはまた、長年にわたって地球環境重視の姿勢を掲げ、汚染防止機器を得意としていたことから、彼はこの強みをテコに、他社にはない競争優位を築いた。

こうして二〇〇七年末には、カミンズの売上げは二倍超に増加し、純利益と株価は五倍以上にも跳ね上がっていた。総従業員数も三三パーセント以上増え、全員が新しい戦略の遂行に熱心に取り組んでいる。

このようなリーダーは、ソルソだけではない。我々は一年以上にわたり、社員たちと強い信頼で結ばれた高業績企業のリーダーたちを対象に、その戦略や習慣について広範囲にわたる調査を実施した。そのような企業を「ハイ・コミットメント／ハイ・パフォーマンス企業」（HCHP企業）と呼ぶ。

これらリーダーを探すうえでは、エグゼクティブ・サーチの会社にインタビューし、学術論文やビジネススクールのケーススタディ、新聞や雑誌の記事についても調査を実施した。各社のプレスリリースや「最も働きやすい企業」ランキングを参考にし、我々の国際的なネットワークから学者や財界人にも意見を求めた。こうして、複数の情報源から「社員を大切にし、社員からの強いコミットメントを得ている」というお墨付きを得た企業を選び出した。

次に財務データを調べて、該当するCEOの在任中に他社をしのぐ業績を上げた企業だけに、調査対象を絞り込んだ。最終的には、欧米二二社の現CEOまたは前CEOにインタビューを試みた（**図表**「HCHP企業のリーダーたち」を参照）。

この調査の目的は「どうすれば、業績を損なうことなく、社員から献身を引き出し続けられるか」、そして「変革が不可避である場合、その影響を直接被る社員たちに、どのようにそれを受け入れてもらうのか」の二つに集約される。本稿では、これら二点について焦点を絞り、掘り下げていく。

社員と業績を天秤にかけない

我々がインタビューしたリーダーはみな、より高い業績を上げるという投資家の要望を満たさなければならないと、痛いくらいに感じていた。あるCEOは、「投資家から背を向けられたら、ほかのステークホルダーとの関係がどうあれ、会社の息の根は、遅かれ早かれ止まってしまいます」と述べている。

にもかかわらず、HCHP企業のリーダーたちは、けっして数字に表れる業績だけに目を奪われたりはしない。リーダーとして着任する以前に、それよりももっと高業績のキャリアを積んでいた者も多くいるからだ。しかし、生え抜きにせよ、社外から迎えられたにせよ、全員が会社の将来に対して、舵を取る者としての個人的な責任を感じていた。

ボルボ社長兼CEOのレイフ・ヨハンソンは、「私にとって、ボルボで働くことは、ただ利益を上げるという以上に、魂、価値観、目的にまで関わる深いものです。しかもこの魂は私だけでなく、次の世代の社員にまで伝えなければなりません」と語っている。

こうしたタイプのリーダーたちが抱いている動機は、ベクトン・ディッキンソンのCEO、エドワード・J・ラドウィッグの言葉によく表れている。

「CEOたる者、就任した時から、会社をもっとよくするというミッションに応えなければなりません。これは、私のカトリック的な発想に根差した考え方かもしれませんが、どれほど一生懸命努力しても、もうこれで十分ということはありません。どこからか必ず、『もっとうまくできるはずだ』という声が聞こえてきます」

業績の向上に突き進んでいくことは、必ずしも容易なことではない。多くの場合、きわめて大胆かつ型破りな取り組みが求められる。

ノキア前CEOのヨルマ・オリラは、他の事業をすべて売却して、携帯電話事業に賭けた。イギリスでホテル業ならびに外食事業を展開するウィットブレッドのCEO、アラン・パーカーは、〈プレミア・イン〉と〈コスタ・コーヒー〉という成長事業に注力するため、自ら手塩にかけたイギリス国内のマリオットホテルのフランチャイズ事業すら売却してしまった。ボルボのヨハンソンは、乗用車部門（現ボルボ・カーズ）をフォード・モーターに売却したが、これはスウェーデン産業界の至宝を手放すのに等しい決断だった。

Italcementi
イタルチェメンティ
- イタリア、ベルガモ
- セメント、コンクリート、関連資材
- カルロ・ペセンティ

Lafarge
ラファージュ
- フランス、パリ
- セメント、骨材、関連建材
- ベルトラン P. コロン
（前CEO、現名誉会長）

McCain Foods
マッケイン・フーズ
- カナダ、フローレンスビル
- ポテト製品、冷凍食品、ジュース
- デール・モリスン

Nokia
ノキア
- フィンランド、エスポー
- 携帯電話および関連技術
- ヨルマ・オリラ（前CEO、現会長）

Quest Diagnostics
クエスト・ダイアグノスティクス
- アメリカ、マディソン
- 医療検査機器および情報サービス
- ケネス W. フリーマン（前CEO）

Royal Mail Group
ロイヤル・メール・グループ
- イギリス、ロンドン
- 郵便サービス
- アラン・レイトン（会長）

Standard Chartered Bank
スタンダードチャータード銀行
- イギリス、ロンドン
- 国際銀行
- ピーター・サンズ

The Timken Company
ティムケン
- アメリカ、カントン
- ベアリング、パワー・トランスミッション
（電力伝達装置）、特殊鋼
- ジェームズ W. グリフィス

Whitbread
ウィットブレッド
- イギリス、ダンステーブル
- ホテルおよび外食
- アラン・パーカー

Volvo
ボルボ
- スウェーデン、イェーテボリ
- トラック、バス、建機、産業用エンジン
- レイフ・ヨハンソン

図表◉HCHP企業のリーダーたち

Bang & Olufsen
バング・アンド・オルフセン

- デンマーク、ストルーア
- AV機器
- トーベン・バレガー・ソーレンセン（前CEO）

Becton, Dickinson and Company
ベクトン・ディッキンソン・アンド・カンパニー

- アメリカ、フランクリンレイクス
- 医療機器、医療器具
- エドワード J. ラドウィッグ

Bupa
BUPA（ブーパ）

- イギリス、ロンドン
- 医療保険、医療サービス
- バレリー・グッディング（前CEO）

Campbell Soup Company
キャンベル・スープ

- アメリカ、カムデン
- 食品
- ダグラス R. コナン

Cummins
カミンズ

- アメリカ、コロンバス
- エンジンおよび関連技術
- セオドア M. ソルソ

Getinge
ゲティンゲ

- スウェーデン、ゲティンゲ
- 滅菌、洗浄、消毒器
- カール・ベネット（前CEO、現会長）

Hennes & Mauritz
ヘネス・アンド・マウリッツ（H&M）

- スウェーデン、ストックホルム
- アパレル
- ステファン・パーション（前CEO、現会長）

Herman Miller
ハーマンミラー

- アメリカ、ジーランド
- オフィス家具
- ブライアン・ウォーカー

Hewitt Associates
ヒューイット・アソシエイツ

- アメリカ、リンカーンシャー
- 人事・組織コンサルティング
- ラッセル P. フレイディン

Husqvarna
ハスクバーナ

- スウェーデン、ヨンショーピン
- 林業、造園業務用機器、建機
- ベングト・アンダーソン（前CEO）

IKEA
イケア

- スウェーデン、エルムフルト
- 家具、家庭用品
- アンダッシュ・ダルビッグ

Infinity Pharmaceuticals
インフィニティ・ファーマシューティカルズ

- アメリカ、ケンブリッジ
- 抗がん剤の研究開発
- スティーブン H. ホルツマン

調査対象となったリーダーのほぼ全員が、戦略や社風を刷新するという課題に直面していた。もっとも、アメリカ企業やイギリス企業とは異なり、スカンジナビアを含むヨーロッパ系企業では、マネジメントが優れているのか、あるいは株主からの圧力がさほど強くないのか、概して大規模なダウンサイジングは避けることができた。

これらHCHP企業のリーダーたちは、大胆な変革について、自社の実力や価値観を否定するどころか、肯定するものとして受け止めていた。ここで、ノキアのオリラの言葉を引こう。

「私には二つの仕事がありました。一つは、ノキアの事業の可能性を社員たちに理解してもらうこと。もう一つは、ケーブルやテレビなど、成長性の乏しい事業から撤退することでした」

あるCEOは、欧米で数千人規模の人員整理を断行した経験について、つらい仕事だったとはいえ、これによって競争力が回復し、開発途上国で何千人もの雇用を創出できたと述懐した。最初は思い悩んだが、やがて、自身と会社の基本理念に基づく取り組みなのだと納得できたという。

「なぜなら、勤務地がインドであろうと、本国であろうと、すべての社員が同じ考え方の下で働くようになったからです」

人心を掌握する

大胆な改革への支持を取りつけるには、肩書きの力だけでは足りない。トップ自ら努力することが欠かせない。リーダーが「社員が協力するのは当たり前である」などと決めてかかっていては、組織が根本から揺らぎかねない。いくら笛を吹こうと、組織はいっこうに踊らず、悪くすれば反対の方向へ進みかねない。

しかし、HCHP企業のリーダーたちは日々、社員と仕事に根気強く、真剣に向き合っているため、人心をつかんで離さない。実務にいそしむ人たちにどのような成果を期待すべきかを理解し、社員たちと直接つながっているのだ。

その秘訣は、次の四つの戦略を組み合わせることにある。

①真実をありのままに伝え、信頼を勝ち取る。

②社員たちと膝を交えて話し合うなど、深いつながりを築く。我々が調査した企業は、社員とCEOとの絆がとりわけ強く、CEO本人が目の前に現れても、浮き足立ったりするようなことはない。

③これらのリーダーは、信頼や正当性を得ているため、目標とする重要課題の実現に向

けて、社員たちの協力や献身を引き出すことができる。

④いずれ劣らぬ豪腕ＣＥＯであるにもかかわらず、「リーダー層が一丸となって課題に邁進しない限り、優れた企業業績など望むべくもない」と心得ている。このため、リーダー層全体の能力開発に努力を惜しまない。

以下、これら四つの戦略を詳しく見ていこう。

①信頼を勝ち取る

我々がインタビューしたＣＥＯはみな、取締役から最前線のスタッフに至るまで、ありとあらゆるステークホルダーたちと、びっくりするくらい気軽に意見を交わしたり、情報を収集したりしていた。このような率直なコミュニケーションを通じて、相手に現実を伝え、信頼を勝ち取っているため、新しい方向に向かって全社の足並みをそろえることができたのだ。

イギリスで郵便事業を展開しているロイヤル・メール・グループ会長のアラン・レイトンに、どのように社員たちの信頼を勝ち取ったのかを尋ねたところ、次のように語った。

「どんな時でも、真実を語ること、けっして相手を惑わせないことです。私が『それはばかげている』と言えば、みんなこの主張に共感しますし、『三万人を削減する』と言えば、その言葉を額面どおりに受け取ります。日頃から率直な態度を心がけていると、私がよい知らせを伝えようとした時も、それを信じてくれます。私が『成果が上がっている』と言えば、この言葉を励みにしてくれます」

リーダーたちは、自分が完璧ではないことを素直に認める。ラドウィッグはベクトン・ディッキンソンのCEOに就任した時、信頼できるマネジャーたちを集めてタスクフォースを立ち上げた。自社が抱える課題について、主要な部下たちに忌憚のない意見を求めるためだった。いわく「過酷な現実に立ち向かう熱意を引き出したかったのです」。

インタビューの結果、戦略上の課題として上位に挙がったのは、ラドウィッグ自身がCFO時代に立ち上げた、大がかりなSAP導入プロジェクトを中止することだった。

「これは、私がトップに就任してすぐさま直面した、最もつらい試練でした。当社はすでにこのプロジェクトに一億ドルを投じていましたし、私の名前はそこかしこに刻まれていました」

しかしラドウィッグは、プロジェクトが迷走していること、自分に非があることを公に認めた。そのうえで、プロジェクト・チームと力を合わせ、九カ月後にはプロジェクトを中止し、この難題を解決した。やがて、彼は新たなプロジェクトを立ち上げたが、こちらは会社の成功を支えるまでになっている。

②社員と強い絆を築く

コミュニケーションはCEOの仕事の柱だが、本稿で取り上げるリーダーたちは涙ぐましい努力を傾けており、社員たちとのコミュニケーションでは、いっさいフィルターを通さない。

ロイヤル・メールのアラン・レイトンは、その好例だ。イギリス国内に一六〇〇〇もの集配所があるが、その半数以上にレイトンは足を運んでいる。街中で配達員の姿を見かけると、必ず足を止めて声をかける。

彼はまた、部下の助けを借りて「アスク・アラン」(アランに聞いてみよう)というメール・アドレスを用意した。このアドレスには一日に約二〇〇通のメールが届くが、それぞれについて、受信を伝えるメッセージを一五分以内に返し、遅くとも一週間以内には、質問への回答を送っている。

このほか、三カ月に一度、三日間かけて、全集配所のマネジャーたちと会議で意見交換している。これには、約三五〇人のグループが国内全域から集まってくるのだが、あらかじめ議題が決まっているわけではない。

「組織の仕事や現状をいちばん知っているのは、現場の人たちです。ですから、とにかく彼ら彼女らと接することです。トップに取り入ろうとする中間層は脇に置いてもかまいません」

ただし、社員との信頼を築き上げるには、昔からいわれている意味での心配りを忘れてはならない。ヒューイット・アソシエイツ会長兼CEOのラッセル・P・フレイディンは、「人員を削減する時は、経営陣も一般社員たちと同じ痛みを分かち合わなければいけない」という強い信念の持ち主である。

仮に現場のスタッフを五パーセント減らすならば、経営陣を含めた管理者層も、少なくとも同じだけ削らなければいけないというのだ。これにより、全員に「運命共同体」であることをはっきり示すのである。

フレイディンは「コール・センターのオペレーターも、執行役員と同じくらい重要な存在なのです」と述べた。つまり、すべての社員たちにも、かけがえのない人生と大きな権利があるとして、心から尊重していたのだ。

③目標に焦点を絞る

社員たちと接し、信頼関係を築くことは、組織をHCHP企業に変革するための必要条件だが、これだけでは十分とはいえない。多くの場合、リーダーの尽力によって、長年の惰性や力量不足を克服し、変わりゆく市場での競争に勝ち抜かなければいけない。

キャンベル・スープ社長兼CEOのダグラス・R・コナンは、「変わろうと、いくらかけ声をかけても、行動が伴わなければ意味がありません」と指摘している。競争上の必要に合わせて、何千もの人々の行動を変えるには、目標に向かって脇目も振らず邁進しなければいけない。

冒頭に紹介したカミンズのソルソは、失地の回復に向けて腰を上げたが、重要なイニシアティブを同時に指揮するのは二つが限界であることに、ほどなく気づいた。「大切な取り組みを一つか二つに絞り、成果が出るまで四、五年粘り強く努力する」ことの必要性を理解したのである。

くわえて、重点分野を見極めた後も、一瞬たりとも気を緩めてはならないと言う。イギリスの医療保険および医療サービス会社、ＢＵＰＡの前ＣＥＯ、バレリー・グッディングは次のように述べている。

「とにかく集中し続けなければなりません。何より大切なのはお客様です。私はこの言葉を何百回も繰り返してきました。こうと決めたら、その方向を目指して、ひたすら社内に伝え続けることこそＣＥＯの仕事です」

急速に変化を遂げる市場において、複雑で規模の大きい組織の社員たちに辛抱を求めるには、厳選したメッセージのみを何度となく繰り返すのがよい。

④リーダー層全体の能力を向上させる

ＨＣＨＰ企業のリーダーたちは、リーダーシップ面において微妙なバランスを保っている。強力なリーダーシップを発揮して、全社の意識を課題に集中させる一方、管理者層のリーダーシップを育成する。

我々がインタビューしたリーダーの多くは、自分の個性に質問が及ぶと、おもむろに渋い顔をした。「自分だけでなく、管理者層全体のリーダーシップが重要だ」という思いは、イギリスと北米以外の地域のCEOの間でとりわけ強かった。

インタビューの内容分析《コンテント・アナリシス》を実施したところ、イギリスと北米のリーダーは「私《アイ》」という表現を使うことが多く、ヨーロッパ大陸のリーダーは「我々《ウィ》」を好む傾向があった。ただし、組織の発展において自分が果たした役割については、国や地域を問わず、全員が控えめにしか語らなかった。

HCHP企業のリーダーたちはまた、自分以外の人たちがそのリーダーシップ・スタイルや手法を通して、自分の役割を補ってくれた点も強調した。その一例として、あるCEOは、成果の上がらない人材がいても、自分ではなかなか対処できないため、主要な人事にまつわる判断については担当チームを信頼して一任したという。別のCEOは、戦略の盲点に気づいて対策を講じるうえで、長年の同僚に助けられたと述べている。

共通の目的を掲げる

ＣＥＯの孤軍奮闘には限界があるため、社内で幅広く目的意識を共有しない限り、優れた成果にはつながらないだろう。とりわけ複雑で多角化したグローバル企業の場合、全社でビジョンを共有するのはことのほか難しい。限られた地域で事業を展開し、同質性が高い企業のほうが、社内のベクトルをそろえるのははるかに容易である。

現実に、バング・アンド・オルフセン、カミンズ、ハーマンミラー、イケア、ノキア、ティムケンといったＨＣＨＰ企業は、大都市圏ではない地域で産声を上げ、社員や地域社会と深い絆で結ばれ、その歴史をつむいできた。

ただし、これら企業のリーダーたちも気づいているとおり、終身雇用、民族や文化の同質性に基づいて、共同体意識や共通の目的意識を育み、社員たちの献身を引き出すという従来の手法だけでは、もはや競争の激化するグローバル市場では勝ち抜けない。

多様化とグローバル化が進むなか、ＨＣＨＰ企業のリーダーたちは、全社の結束を固めるために、社員たちの心に響く目的を掲げることに尽力していた。共有する目的は、次の三つの誓いを柱としている。

①よりよい社会をつくろうとする社員たちの取り組みを後押しする。
②社員たちが誇りに思える業績を上げる。
③社員たちが成長できる環境を提供する。

HCHP企業のリーダーたちは、これらの約束を果たすために懸命に努力した。というのも、これらはいずれも、企業全体の価値を高めるとともに、社員一人ひとりのモチベーションを大きく押し上げるからである。

①よりよい社会づくりに貢献する

社会に貢献する「企業市民」として振る舞うことで、会社のブランド力や名声は高まり、多くの国や文化においてビジネスを行いやすくなる。

とはいえ、HCHP企業のリーダーたちが、CSR（企業の社会的責任）を懸命に果たそうとする裏には、世間体以上の理由がある。企業の一員としてよりよい社会づくりに関わることで、社員たちの献身や熱意を引き出せることを知っているからだ。

ハーマンミラー社長兼CEOのブライアン・ウォーカーは、「二〇人の社員が、同僚たちから『寄付』された休暇を使って、インドに学校をつくりました」「イノベーションを得意とするビジネス・パートナーと協力して、開発途上国向けに太陽熱を蓄積する素材を開発しました」など、社員たちが地域社会のために尽くした経験を語ると、同僚たちの励みになるばかりか、仕事に対して大きな意義や貢献を求める人材の採用にはずみがつくことに気づいた。

スタンダードチャータード銀行CEOのピーター・サンズによれば、「失明予防の取り組みを通じて、一〇〇万人以上の人たちの役に立つ」という施策を全社一丸となって推し進めたところ、行員たちの士気が高まったという。「特定の取り組みに狙いを定め、そこに資源を集中させ、そして高い志を持てば、事業においても、必ずや目標を達成できるはずだ」という気づきが、行員たちの間に広まったのである。

②周囲に誇れる業績を上げる

ハーマンミラーのウォーカーは、「高業績組織として認知されないと、そこで働く人たちに充足感を与えることはできません」と述べているが、これはHCHP企業のリーダーたちに共通する認識である。また優秀な人材は、一緒に仕事をする相手にも有能さを求めるものだ。

HCHP企業のリーダーたちはまた、投資家や取締役会への責任をまっとうするためには、あらゆる階層の人材が業績責任を負わなければいけないことも知っていた。このような認識に基づいて、リーダーたちの多くは、業績の改善と人材マネジメントの強化に、すさまじいまでの熱意を傾けている。

それまで理念重視の姿勢をずっと貫いてきた企業では、特定分野に集中して業績を改善するうえでのハードルがとりわけ高かった。カミンズのソルソは、努力を美徳とする社風を捨てて、結果を重んじる姿勢を社内に根づかせる必要に迫られた。というのも、これまでは「道理をわきまえ、懸命に努力しさえすればそれで十分だ」という傾向が社内にあったからである。

しかし、HCHP企業のリーダーたちにとって、実力主義への移行を推し進める以上、業績だけではなく、あらゆる指標において「偉大なる企業」の条件を満たすことが重要だった。社員一一万人を抱えるイケアでは、CEOから現場の最前線まで、あらゆる階層のリーダーたちが、「企業理念や経営原則に従っているか」という観点から、部下たちのフィードバックを受ける。

③成長機会を提供する

HCHP企業の理念は、仕事と私生活の両面で可能性を発揮できるチャンスを社員たちに与えることを柱としている。

ヒューイット・アソシエイツのフレイディンは言う。「コスト削減や資本効率、自社株買いによって、社員たちの心をつかむことはできません。みな、心躍る仕事をして充足感を得たいと考えているのです。成長できるチャンスを提供すれば、だれもが瞳を輝かせますよ」

我々がインタビューしたリーダーのほぼ全員が、社員たちに成長機会を提供することを最重要課題の一つに数えていた。さらに踏み込み、次世代のリーダーを育成するためのプログラムを自ら企画して、後進の指導に当たったり、相談に乗ったりしているリーダーも少なくなかった。

また、一年の何日かを人事評価の会議に費やし、組織のあらゆる階層から隠れた逸材を掘り起こそうと努めてもいた。変革や事業成長に関するイニシアティブを推進するために、階層を問わず、高い可能性を秘めた人材を活用したいと考えていた。

スタンダードチャータード銀行のサンズは、「当行には、きわめてたくさんのビジネスチャンスがあります。ですが、唯一最大の問題は、だれがそのチャンスを真正面から受け止め、大きく開花させてくれるかです」と語っている。

同行では毎年、どの事業ユニットでも戦略の観点から人事評価を実施し、多様な人材を育成できているかどうかを確認すると同時に、主要ポストの後継者育成計画（サクセッション・プラン）を見直している。サンズ自身も、マネジャーたちに日頃から注意を払っている。各人の誕生日を手帳に書き留めて、誕生祝いのメッセージをeメールで送ったり、新しいポストになじんでいるか、新たな課題に挑戦したいのかなどを確かめたりしている。

幅広い視野を備える

ＨＣＨＰ企業のリーダーたちは、市場からの容赦ないプレッシャーを感じながらも、人材育成という役割をそつなくこなしているようだ。彼ら彼女らにとっては、高邁なミッションを果たし、市場でライバルに大きく水をあけ、社員たちとの絆を育むことが、活力の源泉なのだ。言うまでもなく、このような傾向はリーダー全般に共通するものである。

ＨＣＨＰ企業のリーダーたちは、大局観を持って、そこからおのれが果たすべき仕事をとらえるという能力において、並のリーダーたちとは一線を画している。では、その方法はいかなるものだろうか。

第一に、部下や同僚たちと仲よくしながらも、情に流されないよう、一人ひとりと一定の距離を保つことを心がけている。とりわけ、生え抜きからトップに上り詰めた人は、他の経営陣と馴れ合いを避けようとする意識が特に強い。会社の利益のためには、何十年もの間、苦楽を共にしてきた仲間の人事についてさえ、つらい判断を下さなければならない局面に立たされるかもしれないからだ。

第二に、ＨＣＨＰ企業のリーダーたちは、長時間の激務に耐えながら、仕事以外のプライベートを充実させることにも力を注いでいる。リーダーたちの多くは、家族や地域社会に尽くしており、幅広い視野を得ることができたのは、そのような活動のおかげであると感じている。

ヒューイット・アソシエイツのフレイディンは、長時間労働や出張の合間を縫って、妻や子どもたちとの関係を努めて大切にしている。「仕事とプライベートを両立させる方法がないといけません」東海岸に住む彼は、西海岸の大学に通うよいっぱりの息子と電話で話をするために、朝の四時半に起床しているという。「わが家は生活時間がばらばらですから、家族のだれかが、いつもどこかで起きているんですね」とジョークを飛ばしていた。

別のあるCEOは、「サタデー・ブレックファスト・テスト」（土曜日の朝食時のテスト）に合格することの重要性について語っていた。毎週土曜日に家で朝食を取りながら、仕事での実績を妻や子どもたちに語って聞かせるのだが、その話で驚かせ、尊敬を引き出すことができなければならないというわけだ。

最後に、ユーモアのセンスが役に立つ。HCHP企業のリーダーたちは、自分自身やその地位について深刻に考えすぎることはない。先に紹介したロイヤル・メール・グループのレイトンは、次のように述べている。

「私はごく平凡な男です。ロイヤル・メールのトップになるとか、産業界で大成するなど、最初から決まっていたわけではありません。考えてみれば、一七歳の頃とまったく変わっていないと思いますよ。興味のあることも変わっていませんし、人間についての考え方、話し方も変わりません。

ですが、周りが私を見る目は、当時とは明らかに違います。だれも『おい、アラン、最近どうしてる』といった具合に話しかけてくることはありません。私が姿を見せると、たいていの人が『会長のお出ましだ』という反応を示します。ですから、私は自分からすすんで、みんなに話しかけるようにしています。すると、相手も心を開いてくれ、会話が成り立つのです」

＊＊＊

ＨＣＨＰ企業のリーダーたちは、「社員重視か、業績優先か」というせめぎ合いを、どのように乗り越えているのだろうか。

その秘訣は、つまるところ、その仕事の中身だけでなく、どのように仕事を進めていくのか、その方法とも関係している。つまり、厳しい競争にさらされながらも、会社の士気や戦略の源泉を探り出し大切に扱うことを、単に業務上の課題としてではなく、自らの使命、そして腕の見せどころと考えているのだ。

たいていのリーダーが、社員と業績のどちらかを犠牲にしてしまう。しかしＨＣＨＰ企業のリーダーたちは、「社員たちを大切にしながら、優れた業績を上げてみせよう」という熱意をたぎらせている。

掲げる企業理念により近づくように努力する一方、どのライバルにも増して、市場と現実に根差した会社づくりをひたむきに目指す。目先の業績をおろそかにせず、将来に向けてリーダーシップや組織力の強化にも力を入れる。目的に向かって全社が一丸となれる体制を固める一方、多様な人材を受け入れ、育成する。

ＨＣＨＰ企業のリーダーたちは、急ぎ足で未来を切り開く。目標すべてを達成することにこだわり、けっして妥協しない。そのために、他のリーダーがともすれば目を背けがちな課題、すなわち社員と業績のどちらを選択するかという究極のジレンマを解決するために、包括的な解決策を見出す。こうして、偉大なる企業を築き上げるのだ。

【新版】動機づける力
——モチベーションの理論と実践

2009年10月8日　第1刷発行
2024年8月8日　第10刷発行

編・訳者—DIAMONDハーバード・ビジネス・レビュー編集部
発行所——ダイヤモンド社
〒150-8409　東京都渋谷区神宮前6-12-17
https://www.diamond.co.jp/
電話／03·5778·7228（編集）　03·5778·7240（販売）
装丁————デザインワークショップ ジン
製作進行——ダイヤモンド・グラフィック社
印刷————八光印刷（本文）・加藤文明社（カバー）
製本————本間製本
編集担当——小暮晶子、松尾洋子

ISBN 978-4-478-01154-6